Theophil Spoerri

DYNAMIK
AUS
DER STILLE

DIE AKTUALITÄT
FRANK BUCHMANS

CAUX VERLAG · LUZERN

© 1971
by Caux Verlag-, Theater- und Film-AG, Luzern
Alle Rechte vorbehalten
Satz und Druck: C.J. Bucher AG, Luzern
ISBN 3 85601 011 4
Umschlag: Chr. Lüthi, nach einer Vorlage von P. Mulder
Printed in Switzerland

INHALT

DIE ANFÄNGE

Einleitung

Die erste Begegnung mit Frank Buchman ist überraschend, gerade weil sie nichts Überraschendes an sich hat. Man hat Erstaunliches von ihm gehört, und erwartet, einen staunenswerten Menschen zu sehen. Man sieht sich einem mittelgroßen Mann gegenüber mit blitzenden Augengläsern und einer feinen Nase im rundlichen Kopf. Mit seinem gepflegten Äußern würde man ihn eher am Tisch eines Verwaltungsrates als auf einer Kanzel sehen.

Frank Buchman hat nichts Spektakuläres an sich. Er wirkt mehr durch Schweigen als durch Reden.

Das Besondere an ihm ist, daß er das Ordentliche zur Grundlage des Außerordentlichen, den gewöhnlichen Menschen zum Träger des Außergewöhnlichen machte.

In unserer Zeit herrscht – vor allem in der Jugend – der Haß gegen das Gewohnte, das Herkömmliche, das Establishment. Mit gefährlichen Mitteln flüchtet man ins Außergewöhnliche. Frank Buchmans visionäre Erkenntnis ist, daß der Mensch mitten im Gewohnten, und nur vom Gewohnten aus, das Ungewohnte finden und erwecken kann.

Auch seiner Herkunft nach hätte man nicht von ihm erwartet, daß er zu denen gehören würde, die den Erdkreis erregen.

Man kann sich kaum vorstellen, wie eine amerikanische Kleinstadt am Ende des 19. Jahrhunderts aussah. Allentown liegt noch heute in einer idyllischen Gegend, die an eine Schweizer Landschaft erinnert. Die «Pennsylvaniadeutschen», die das Farmland nach ihrer Auswanderung aus Europa besiedelten, sprechen immer noch wie Frank Buchman einen Dialekt, der wie eine Mischung von Schwäbisch und Schweizerdeutsch tönt.

Um 1750 verließ Martin Buchman mit seiner Familie die sanktgallische Heimat. Er fuhr mit der «Phoenix» von Amsterdam nach Philadelphia und gründete in der Nähe von Pennsburg eine Farm. Einer seiner Nachkommen, Frank Buchmans Vater, war ein unternehmender Geist. Er wirkte am Straßenbau in Indiana mit. Malariakrank kam er mit dem erworbenen Geld auf die alte Buchman-Farm zurück, heiratete 1875 Sarah Greenwalt und eröffnete in Pennsburg einen Lebensmittelladen. Seine Einkünfte erlaubten ihm, in einem Haus, das noch heute steht, eine Gastwirtschaft zu führen. Geschäftsleute und Handelsreisende waren die gewohnten Kunden. Es war ein Familienunternehmen von beschränktem Ausmaß. «Ich wusch das Geschirr», erzählte Frank später.

Pennsburg war ein Dorf mit doppelter Häuserreihe der Straße entlang, bewohnt von eintausendzweihundert Seelen. Wenn der junge Frank nicht einschlafen konnte, zählte er Name für Name, von Haus zu Haus seine Dorfgenossen auf. Die Bevölkerung, die in zäher Arbeit an die Scholle gebunden und von streng kirchlicher Gesinnung war, zeichnete sich durch ihre Gastfreundlichkeit aus: Man konnte in jedes Haus hineingehen und sich zum Essen an den Familientisch setzen.

Bis zu seinem fünfzehnten Jahr lebte Frank in diesem Dorf. Er erinnerte sich gern an diese Zeit. «Ich pflegte mit Daddy Sheip anderthalb Meilen an den Fluß zu gehen. Es gab da eine kleine Bucht, an der es gut fischen war. Daddy saß bald auf dem einen, bald auf dem andern Ufer. Wir sprachen immer nur im Flüstertone. Wenn ihm ein Fisch davonging, so war immer ich schuld. Wir waren richtiggehende Fischer. Jeweils am andern Morgen briet ich meine Fische zum Frühstück. Es war eine glückliche Zeit.»

Die Schule in Pennsburg war eben gegründet worden, als Frank mit acht Jahren sein erstes Schuljahr antrat. Er war der Beste von siebzehn Schülern.

Mit fünfzehn Jahren sollte er an eine Mittelschule übertreten. Da die nächste im Städtchen Allentown war, verkaufte der Vater seinen Besitz in Pennsburg und eröffnete an der Hauptstraße von Allentown eine Gastwirtschaft. Seine Spezialität war ein Getränk genannt Sarsaparilla, ein Vorläufer des Coca-Cola. «Niemand kam zu uns», erzählte Frank, «ohne ein Glas Sarsaparilla zu bekommen.»

Frank Buchman senior war ein großer Sportsmann. Er

fuhr jeden Samstag mit seinen zwei rassigen Schwarzen zum Pferderennen. «Ich durfte mitgehen, aber das Wetten war mir verboten.»

Vom Vater erbte Frank den Sinn für Geselligkeit und Humor, von der Mutter eine tiefverwurzelte moralische Gesinnung und einen festen Glauben. Aus ihrer vergrößerten Photographie, die Frank Buchmans Bett gegenüber hängt, blicken Augen, die vieles verstehen und denen nichts entgeht.

Sie war eine großartige Köchin. Frank konnte ohne Anmeldung seine Freunde zum Essen bringen.

Die Buchmans wohnten in einem zweistöckigen Reihenhaus an der 11th Street, die damals am Ende der Stadt lag, wo die wohlhabenden Familien ihren Wohnsitz hatten. Ein Tram, von Maultieren gezogen, führte an ihrem Haus vorbei bis zur 12th Street.

Frank genoß seine Gymnasialjahre in vollen Zügen. Er nahm gerne an Tanzveranstaltungen teil, die oft die ganze Nacht durch gingen, worauf man am frühen Morgen im Schlitten die vierzehn Meilen nach Hause fuhr. Im Sommer durchstreifte Frank mit Kameraden die ganze Gegend auf dem Rad. Das «Kistler Valley», wo seine Verwandten wohnten, war für ihn «das zweitschönste Tal der Welt». Es wachsen dort noch heute Apfelbäume, deren Früchte den Duft ihrer schweizerischen Herkunft bewahrt haben.

Als es ans Studium ging, hatten die Eltern keinen höheren Traum, als Frank in einem wohlbestallten Pfarramt zu sehen. Er studierte Theologie am Mühlenberg-College. Es gab auch da, wie überall unter Theologen, eine Spaltung zwischen der streng orthodoxen und der liberalen Richtung. Man kann noch heute Geistliche in Allentown treffen, die sich darüber aufregen, daß ihr Studienkollege Frank damals zum konservativen Luthertum hielt. Einer seiner Professoren erinnert sich seiner als «eines jungen Mannes von Charakter, der seine Überzeugungen mit Festigkeit verfocht, dabei aber ganz natürlich, gesellig und von sonnigem Humor war». Er hatte eine starke künstlerische Ader, nahm Malstunden, wobei ein Mädchen derselben Klasse bemerkte: «Er besuchte den Unterricht aus Liebe zu mir und zu seinem Lehrer.» Er lud einmal zwölf Mädchen zu einem Studentenball ein, er wollte keines enttäuschen. Als er an das Theologische Seminar Philadelphia übersiedelte, erwachte neben Studium, Sport, Malerei, Gesellschaftsanlässen die Leidenschaft für das Theater. Er sah die Sarah Bernhardt den Hamlet spielen und erinnert sich besonders an «Cyrano», die «Götterdämmerung», «Carmen». Sein Hauptinteresse galt aber schon damals der sozialen Arbeit. Er las, was ihm in die Hände fiel über die gemeinnützigen Institutionen der katholischen Kirche und die innere Mission des deutschen Luthertums. Er selber begann Alters- und Kinderheime und Gefängnisse zu besuchen.

Es zeigte sich, daß der Traum der Eltern, ihren Sohn in Amt und Würden auf heimatlichem Boden bei sich zu haben, sich nicht erfüllen werde. So wohl er sich in der guten Tradition seines geliebten Pennsylvanien fühlte, so unmöglich war es ihm, dem Zug nach einem weiteren Horizont nicht nachzugeben.

1961
27
1978

Im November 1901 steht im Tagebuch des Dreiund-
zwanzigjährigen eine Notiz über seinen Wunsch, nach
Indien zu reisen. Dieser Drang zum Fernen Osten war
schon früh in ihm erwacht. In seiner Bibliothek, die noch
heute in seinem Studierzimmer von Allentown steht, findet
sich eine erstaunliche Menge von Büchern über indische
Religion, chinesische Philosophie und japanische Sitten.

Frank Buchmans Eltern waren entsetzt über solch
ausgefallene Ideen, um so mehr als bei ihm Ideen immer
die Tendenz hatten, Beine zu bekommen.

«Mutter schreibt, daß Tante Mary behauptet, der liebe
Gott wolle nicht, daß ich nach Indien gehe. Vater sagt, er
wolle nichts von dieser Sache hören, er sei absolut dagegen. Es macht mich traurig. Gar gern wollte ich gehen.»
(Tagebuchnotiz)

Eine andere Tante Mary spürte aber im Augenblick, da
er sich, voll seines theologischen Wissens, auf seine Ordination vorbereitete, daß die weißen Bäffchen des Pfarrers
nicht zu ihm paßten. Mit fragilem, doch festem Finger
wies sie auf dieses Ornament hin: «Frank, du kannst
Leute nicht in Haufen ändern, du gewinnst sie nur als
einzelne, einen nach dem andern. Persönliche Arbeit: Das
ist es, was du tun mußt!»

In Frank Buchman meldete sich tief innen eine Stimme,
die über die Jahrhunderte zu ihm sprach. Zur Reforma-

tionszeit gab es einen Vorfahren seiner Familie, der nach dem gelehrten Brauch der Humanisten seinen Namen Buchman ins Griechische umsetzte: Bibliander. Er war nach Ulrich Zwinglis gewaltsamem Tod auf dem Schlachtfeld von Kappel im Jahre 1531 dessen Nachfolger als Professor der griechischen und lateinischen Sprache an der Akademie in Zürich geworden. Zu einer Zeit, da der Türke vor Wien lag und alle Kanzeln gegen die «mohammedanischen Widersacher Christi» donnerten, hatte er den unerhörten Mut, den Koran in einer lateinischen Übersetzung herauszugeben, der einzigen Sprache, die jedem gebildeten Europäer verständlich war. Es war eine so kühne Tat, daß der Basler Buchdrucker ins Gefängnis geworfen und nur auf eine persönliche Fürsprache Luthers aus dem Kerker entlassen wurde. So kam das Buch an die Öffentlichkeit und hatte eine weite Resonanz. Bibliander ging aber noch weiter. Seine Freunde konnten ihn nur mit Mühe von seinem Vorsatz abhalten, nach Ägypten zu fahren, um im Herzen des Islam Christus zu verkündigen. So tat Bibliander in einer Schrift, was ihm am Herzen lag. Er schrieb 1553 ein Traktat: *Über die höchste, gesetzmäßige und immerwährende Alleinherrschaft der Welt.* Dem Namen des Autors folgte auf dem Titelblatt der Gruß: «Allen Christen, Juden und mohammedanischen Muselmännern wünscht Theodor Bibliander Gnade, Frieden und jegliches Heil von dem Herrn Gott.» Die Schrift war so revolutionär, daß sie nie gedruckt werden konnte. Der kämpferische Geist Biblianders war aber nicht zu dämpfen. Man suchte ihn mit Drohungen und öffentlichen Anklagen zum Schweigen zu bringen. Schließlich blieb nur noch eines übrig: Bibliander wurde wegen «Geistesschwäche» seines Amtes enthoben. Trotzdem rückte er 1562 mit einer explosiven Schrift heraus: *Die evangelische Verheißung ist allgemein und universal, nicht partikular.* Kurze Zeit darauf fielen Bibliander und seine zwei Söhne dem «Schwarzen Tod», der Pest, zum Opfer.

Buchman wußte das alles nicht. Er glaubte, Bibliander habe den Koran ins Deutsche übersetzt. Doch der gleiche Drang zum Universalen brannte in ihm und sollte immer deutlicher in seinem Leben und Werk zum Ausdruck kommen.

Dieser ureigenen Veranlagung kam am Anfang unseres Jahrhunderts eine Strömung entgegen, die einer orthodox verkalkten und liberal aufgeweichten Theologie neuen urchristlichen Ansporn gab. Die Bewegung ging aus von der Jugend, vor allem von den Studenten. An den Sommerkonferenzen des CVJM (Christlicher Verein Junger Männer) und vor allem der CSV (Christliche Studenten-Vereinigung) wehte ein frischer ökumenischer Geist. Die Bewegung ging zugleich in die Tiefe: die persönliche Erneuerung auf biblischer Grundlage – und in die Weite: die Erneuerung der Gesellschaft durch soziale Arbeit. «Soziales Christentum» war in Deutschland das Schlagwort, das durch unentwegte Männer wie Stoecker und Le Seur über die Kirche hinaus in die Politik hineingetragen wurde. Die Bodelschwinghschen Anstalten setzten die Fürsorge für die Verwahrlosten in die Praxis um. F. W. Foerster machte diese Ideen für die Pädagogik fruchtbar. Hospize für Jugendliche wurden gegründet. Eine neue Organisation, «Settlement» genannt, kam in Großstädten auf: Eine Gruppe von Jugendlichen schließt

sich zusammen, sie sammelt obdachlose Knaben in einer
primitiven Unterkunft, die sie selber ausbaut. Durch
Selbstverwaltung wird das tägliche Leben materiell und
geistig geregelt, finanzielle Hilfe wird von einem leitenden
Ausschuß je nach Bedarf geleistet.

Eine geistige Erweckung ging in Amerika von Evangeli-
sten wie Moody aus. Sie wurde durch den jungen Henry
Drummond in Massenversammlungen über ganz England
verbreitet. Ein gewaltiger Organisator, der Amerikaner
John Mott, hielt diese verschiedenen Bewegungen unter
seiner dynamischen Leitung zusammen. Er führte an den
großen Universitäten der alten und neuen Welt Kampagnen durch, die durch auffallende, den traditionellen
Kirchenmann irritierende Propagandamethoden vorbereitet und begleitet wurden. Er war eine imposante Persönlichkeit, die auch führende Staatsmänner anzuziehen ver-
mochte. Er wurde für seine Einheitsbestrebungen durch
den Nobelpreis ausgezeichnet. Frank Buchman nahm an
Sommerkonferenzen der CVJM und CSV teil. John Motts
Zielsetzung «Evangelisation der Welt in dieser Generation», auf Grund welcher 14 000 junge Akademiker in die
Missionsfelder in aller Welt ausgesandt wurden, entzün-
dete auch ihn. Neben Mott gewann der geistsprühende
Studentenevangelist Robert Speer großen Einfluß auf
Buchman. In Speers Buch *The Principles of Jesus* (1902)
finden sich in dem Kapitel «Jesus and the standards» die
für Buchman grundlegenden Maßstäbe der Bergpredigt:
Ehrlichkeit, Reinheit, Selbstlosigkeit und Liebe. Wie
mächtig der Einfluß Henry Drummonds war, kann jeder
feststellen, der die Vorträge des schottischen Professors,
die unter dem Titel *The Greatest Thing in the World*

16

(London 1953) herausgekommen sind, mit den Reden Frank Buchmans *Für eine neue Welt* vergleicht.

Hier erhebt sich die Frage, die sich immer wieder stellen wird: Warum bekommen alle diese Anregungen, die in ihrem Ursprung längst vergessen sind (wer liest noch heute das Buch von Robert Speer?), bei Frank Buchman eine solche Aktualität, daß sie den heutigen Menschen immer noch in Bewegung setzen?

Nach seiner Ordination im Sommer 1902 verlangte
Frank Buchman in seinem jugendlichen, mit christlicher
Demut verbrämten Ehrgeiz «die schwerste Arbeit im
schwierigsten Stadtteil». Man übergab ihm ohne gesicherten Lohn die «Innere Mission» in einem heruntergekom-
menen Quartier von Philadelphia und stellte ihm in der
Lancaster Avenue zwei Stockwerke über einem Eckladen
zur Verfügung. Wie primitiv die Einrichtung war, geht aus
einem Brief an seine Mutter hervor: «Ein Freund hat mir
ein Bett ohne Matratze geliehen, ein anderer einen Tisch,
noch ein anderer einen Teppich.» Aus dem Eckladen
machte er eine «Kirche des Guten Hirten», ein Versammlungslokal, wo er mit seinen Freunden oft bis tief in
die Nacht hinein diskutierte. Sein Haus war auch immer
für Straßenjungen offen, denen er zu essen und wenn
nötig ein Nachtlager bot. Eines Nachts, als draußen ein
Schneesturm tobte, klopfte es. Buchman machte auf. Ein
Junge aus gutem Haus, der von seiner Familie ausgesto-
ßen worden war, stolperte herein. Buchman nahm ihn auf
und sorgte für ihn. Als er von einem hungernden
Studenten hörte, suchte er ihn auf, nahm ihn mit. Da er
aber keine Lagerstätte für ihn hatte, wandte er sich an
einen Freund, dessen Mutter ihm gestattete, auf ihre
Rechnung ein Bett im Warenhaus zu kaufen.

Er kümmerte sich auch um die Blinden, verhalf ihnen

dazu, auf der Straße zu singen, und lud sie gelegentlich zu einem guten Essen ein. Ein blindes Mädchen, das später unter den Blinden Asiens arbeitete und von Präsident Kennedy als Anerkennung ihrer Wirksamkeit eine höchste Auszeichnung erhielt, erinnerte sich an die frühere Zeit: «Frank Buchman wußte, was Kinder besonders gerne essen. Ich werde ihn nie vergessen. Er war gütig, ohne herablassend zu sein. Er behandelte uns nicht als Blinde, sondern als normale Menschen, von denen er erwartete, daß sie etwas für die Welt tun werden.»

Im Sommer 1903 reiste Frank Buchman nach Europa. Er kam über die Schweiz nach Deutschland, wo er Friedrich von Bodelschwingh traf und seine Anstalten in Bielefeld besuchte. Zwanzig Jahre später schrieb er: «Diese Arbeit an Erwachsenen brachte mich in Berührung mit dem Sozialismus und den Problemen der Arbeiterschaft. Ich traf Männer wie Stoecker, den Pionier für den Einzug der Sozialdemokratie ins Parlament. Ich studierte gründlich Bodelschwinghs Grundsätze.»

Er hatte nun ein Muster für seine Arbeit gefunden. Bei seiner Rückkehr eröffnete er in seinem Hause das erste «Hospiz» für verwahrloste Jungen. Im Umgang mit seinen Pflegebefohlenen wirkte er durch seine ansteckende Offenheit. Es entstand in seinem Hause eine solche Atmosphäre des Vertrauens, daß junge Leute von weither kamen, um einige Augenblicke mit ihm zusammen zu sein. «Es war buchstäblich die Kirche im Haus», sagte er später. Er wurde im Jahre 1904 durch die Lutherische Kirche von Pennsylvanien zum Leiter des Hospizes mit einem Jahresgehalt von 600 Dollar ernannt. Er konnte nun das Haus nach seinen Ideen einrichten. Die offizielle

Eröffnung fand im September 1905 statt. Frank Buchman hatte eine kostbare Hilfe gewonnen: Mary Hemphill. Sie war die Köchin des Gouverneurs von Pennsylvanien gewesen. Sie heiratete aber einen Alkoholiker, dem sie zwei Söhne schenkte. Die Familie geriet in Not, und Mary verfiel selber dem Alkohol und dem Rauschgift. Als ihr Mann starb, nahm sich Frank ihrer an. Er hatte den Mut, die völlig verwahrloste Witwe mit ihren schwierigen Knaben in sein Hospiz aufzunehmen. Er gab ihr neue Hoffnung. Mit ihrer Selbstachtung fand sie ihre Kochkunst wieder.

Bald war das Hospiz voll von jungen Männern, die eine Arbeitsstelle hatten oder eine suchten. Sie schätzten nicht nur das gute Essen, das einfach aber reichlich war, sondern auch das Vertrauen, das ihnen entgegengebracht wurde. Wenn sie am Abend ausgingen, wußten sie, daß sie von einer bestimmten Stunde an die Hausglocke läuten mußten. Doch wenn sie noch so spät heimkamen, so öffnete der Hausvater ihnen die Türe. Ohne ein Zeichen des Mißfallens bot er ihnen sogar zu essen an.

Buchman hatte bei Bodelschwingh gelernt, daß man einem Menschen am besten hilft, wenn man ihn in die Lage versetzt, andern zu helfen. So regte er seine jungen Männer an, ein «Settlement» zu eröffnen. In einem Elendsquartier, wo ganze Familien in einem einzigen Raum vegetierten, mietete er einen Saal, durch dessen Boden die Ammoniakdüfte des darunter liegenden Pferdestalls drangen. Dort sammelte eine Gruppe von Jungen aus dem Hospiz andere Jungen, die noch ärmer waren als sie. Die Straßenjungen waren froh, eine Unterkunft zu finden, wo man ihnen nicht nur etwas zu essen gab, sondern sie ernst nahm und ihnen einen Anteil am Leben der Gemeinschaft anvertraute.

Das waren glückliche Jahre für Frank Buchman, dessen Schaffensdrang keine Grenzen kannte. Aber unerwartet verdüsterten Wolken diese hoffnungsvollen Anfänge. Für den finanziellen Unterhalt war ein Ausschuß von sechs Herren verantwortlich. Es waren rechtschaffene, ehrenwerte Geschäftsleute von Philadelphia, die aber bald anfingen, sich über Buchmans Großzügigkeit Gedanken zu machen. Sie fanden bald heraus, daß Mary Hemphill mit ihren Söhnen im Hospiz wohnte, ohne einen Pensionspreis zu zahlen. Das Essen kam ihnen zu üppig vor. Sie bestellten sogar einen Aufseher über Marys Küche. Das wurde für sie so unerträglich, daß sie in Abwesenheit Buchmans wieder anfing zu trinken. Buchman schrieb im Oktober 1907 ein siebzehnseitiges Memorandum, in welchem er zunächst die nackten Tatsachen aufzählte: «Sie weigerten sich, gute Butter zu geben. Sie besorgten nur ranzige. Auch die Fische waren nicht frisch. So kann man keine christliche Institution führen. Die jungen Männer sind eher geneigt zu sündigen, wenn der Magen leer ist.»

Am Schluß versuchte Buchman, den Vorstandsherren ein Zukunftsbild kirchlicher Arbeit zu geben: «Die Kirche Jesu Christi muß in engste Berührung mit den Bedürfnissen der Menschen kommen, welcher Art diese auch sein mögen. Es kann sich um einen Menschen handeln, der Nahrung und ein Obdach für die Nacht braucht, oder einen Kranken, der einen Arzt benötigt. Es kann ein Mensch sein, der vom Land kommt und sich in der Stadt nicht auskennt. Wird man ihm nur sagen: ‹Das ist eine böse Stadt, du mußt sehr aufpassen›?

21

Ich glaube nicht, daß die Kirche die großen Probleme der Menschheit anpacken und mit ausgestreckten Armen an die Massen herankommen wird, wenn sie nicht weiß, daß, wo immer ein Mensch in Not vor ihr steht, die Gelegenheit da ist, ihr Werk zu tun. Jeden Dienst, den ich dem Menschen erweise, tue ich im Gedanken, daß er letztlich seine Seele erreichen wird.

Zu welcher Entscheidung Sie auch kommen mögen, so möchte ich betonen, daß es hier nicht um bloßes Mitleid geht, sondern um eine Not, der man mutig und vorurteilslos ins Gesicht schauen muß.»

Alle Mühe war vergeblich. Der Vorstand blieb hart bei seiner Forderung, daß drastische Einsparungen im Küchenzettel stattfinden sollten. Nach einem letzten Zusammenstoß gab sich Buchman geschlagen.

Er hatte die Macht des Institutionellen, verbunden mit der Macht des Geldes, erfahren. Er sollte diese Lektion nie vergessen. Aber zunächst nahm er sie nur persönlich. Er war so verbittert, daß er physisch erkrankte.

Ein befreundeter Arzt konstatierte eine Erschöpfung schwersten Grades, empfahl heiße und kalte Bäder und eine Seereise zur Entspannung.

Frank Buchman begann sein Abenteuer mit einer Kreuzfahrt im Mittelmeer. In Athen ging er mit einem auf dem Schiff erkrankten älteren Ehepaar an Land, sorgte für ordentliche Spitalpflege und gab dem amerikanischen Botschafter Bericht.

Unterdessen war seine Reisegesellschaft weitergefahren. Der Botschafter lud ihn zu einem Empfang ein, wo er eine Dame traf, die mit ihm an der Kreuzfahrt teilgenommen hatte. Sie erzählte einer Freundin, wie selbstlos Frank Buchman für seine Landsleute gesorgt hatte. Die Freundin war die Hofdame der Kronprinzessin, der späteren Königin Sophie. «Gestern habe ich einen amerikanischen Heiligen getroffen», berichtete sie der Kronprinzessin. «Das gibt es nicht», war die Antwort. «Ich möchte ihn sehen.» So begann eine weitreichende Freundschaft mit den Königshäusern von Griechenland und Rumänien.

Doch diese Begegnung erleichterte den Druck nicht, der auf Frank Buchman lastete. «Nie werde ich diesen Männern in Philadelphia vergeben können», bekannte er einem Reisegefährten. In Deutschland besuchte er wieder die Bodelschwinghschen Anstalten, doch fand er niemanden, der sich seiner inneren Not annahm. So fuhr er über den Kanal, um an einer Studentenkonferenz in Keswick teilzunehmen, wo er den berühmten Prediger Dr. F. B. Meyer zu treffen hoffte. Doch er war nicht da.

Die großen Versammlungen der Konferenz sagten ihm nichts. Hilflos und einsam wanderte er dem See entlang, bis er an einem Sonntagnachmittag eine offene Kapelle betrat, wo nur siebzehn Teilnehmer einer Frau zuhörten, die über das Kreuz sprach. Es war Frau Penn-Lewis, eine Christin, die allem Schwärmerischen abhold war und über Sünde und Vergebung mit einer chirurgischen Sachlichkeit sprach.

«Eine Lehre», sagte Frank Buchman später, «die ich von klein auf kannte, an die meine Kirche glaubt und die ich immer gelehrt hatte, wurde mir an jenem Tag zur greifbaren Wirklichkeit. In einem inneren Zwiespalt hatte ich die kleine Kirche betreten und Hochmut, Eigenliebe und Groll in mir getragen. An jenem Tage machte mir die einfache Rede der Frau das Kreuz lebendig, und plötzlich sah ich den Gekreuzigten schmerzhaft deutlich vor mir.

Mit dieser tiefen Erfahrung, wie Gott die Kluft, die mich von ihm trennte, in Christus überbrückte, und mit einem Gefühl von neuem, strömendem Leben ging ich nach Hause und empfand das dringende Bedürfnis, jemanden an meinem Erlebnis teilhaben zu lassen. Darauf schrieb ich an die sechs Vorstandsmitglieder in Amerika, denen ich gegrollt hatte, erzählte ihnen von meiner Erfahrung und sagte ihnen, wie ich am Fuße des Kreuzes nur an meine eigene Sünde denken konnte. Am Anfang der Briefe schrieb ich folgenden Vers:

24

Wird mir des Kreuzes Wunder klar,
An dem der Fürst des Lebens starb,
Wird wertlos, was mir teuer war,
Veracht' ich, was mein Stolz erwarb.

When I survey the wondrous Cross
On which the Prince of Glory died,
My richest gain I count but loss,
And pour contempt on all my pride.»

«Es war nicht schwer», sagte er später, «die drei ersten Zeilen des Liedes zu schreiben, aber die vierte schrieb ich sozusagen mit meinem Herzblut.»

Es gibt viele Christen, die Ähnliches erlebt haben. Die Frage ist: Warum wurde diese Erfahrung bei Frank Buchman zur Triebkraft, die die Welt in Bewegung setzte?

Wir können versuchen, die verschiedenen Elemente zu unterscheiden, die sich in Frank Buchmans Leben mit jedem Schritt immer klarer entfalteten.

Erstens:

Das erste, was Frank Buchman bei dieser erschreckenden Begegnung mit dem Kreuz sieht, ist die *Kluft*, die ihn von Gott trennt. Es ist die Kluft, die für den Menschen unüberbrückbar ist. Der Weg ist abgebrochen. Alle Selbstrechtfertigung ist ans Ende gekommen. Der Mensch kann nichts mehr tun. Er bricht hilflos am Rande des Abgrunds zusammen.

Zweitens:

Plötzlich und mit Schrecken erkennt er, daß es seine *Schuld* ist, die ihn an diese Stelle gebracht hat. Er ist schuld, daß seine Bitterkeit, sein verletzter Stolz ihn von seinen Mitmenschen und von Gott getrennt haben. Hier taucht das schreckliche Wort «Sünde» auf. Die einfache Tatsache wird sichtbar, daß Sünde ist, was mich von dem Nächsten und von Gott trennt. Es fällt wie ein schweres Gewicht aufs Herz: «Du bist der Mann. Du hast alles zerstört. Es ist etwas Unwiederbringliches geschehen. Durch deine Schuld.»

Drittens:

Dann geschieht das Unerwartete, das Wunder: Gott selber kommt in Christus über die Kluft zum schuldigen Menschen. Es ist kein leichter Weg. Er geht nicht durch die Luft. Es ist keine Brücke da. Christus selber steigt in die Tiefe hinab. Ein steiler Hang geht vom Tod zum Leben, von der Sünde zur Vergebung. Es ist ein blutiger Weg. *Vergebung* ist kein Zauber. Vergebung ist ein Vorgang, ein Gang. Es ist der blutgetränkte Kreuzweg Gottes durch die Welt der Sünde.

Die Kluft ist überwunden. Die Verbindung ist wieder hergestellt. Das Leben ist stärker als der Tod. Das Erbarmen Gottes größer als das Gesetz der Sünde. Wie eine zentnerschwere Last fällt die Schuld vom Herzen des Menschen.

Viertens:

Aber *die Bewegung geht weiter.* Hier ist das Entscheidende für Buchman: Er sieht, daß die Versöhnung nicht bei ihm stehen bleibt. Sie ist ein Vorgang, der den Menschen in ihre Bewegung hineinnimmt. Er muß selber den Weg der Vergebung gehen – durch die Kluft, die ihn von den Menschen trennt. Frank Buchman ist ein praktischer Mensch, der alles, was ihm zustößt, in Aktion verwandelt.

26

Er schreibt sechs Briefe. Er entschuldigt sich für seinen Groll. Er nennt ihn «ill-will». Es ist ein Wille, der sich im Herzen verstockt hat und gegen den andern Menschen gerichtet ist. Das zerstört die Gemeinschaft, das zerstört den Menschen selbst. Niemand glaube, daß es Frank Buchman leicht war, diese sechs Briefe zu schreiben. Er mußte seinen eigenen Kreuzweg gehen. Darum schrieb er am Kopf seiner Briefe den Vers über das Kreuz.

Fünftens:

Die Frucht dieser ersten Tat zeigt sich darin, daß Frank Buchman eine ungewohnte Freiheit und Freude gefunden hat. «Ein Gefangener war ausgebrochen und ist ein freier Mensch geworden», steht im Buch des französischen Philosophen Gabriel Marcel *Hoffnung im Wandel*.

Es ist eine Freiheit eigener Art – eine Gewichtsverschiebung: «Nicht mein Wille, sondern dein Wille.» Dadurch, daß der eigene Wille durch das, was von Gott kommt, bewegt wird, wird er nicht schwächer, sondern lebt in einer neuen Kraft, frei von Verstockung und Verkrampfung. Es bedeutet auch, frei zu sein von der Angst, von der Verführung der Welt, vom Banne des Geldes, vom Druck der öffentlichen Meinung. Es bedeutet, *in* der Welt zu sein, ohne *von* der Welt zu sein, im Gewohnten das Ungewohnte zu tun.

Eine solche Freiheit wirkt wie eine Ansteckung. Frank Buchmans Änderung hat am gleichen Tag die Änderung eines anderen Menschen veranlaßt. Buchman selber erzählte mehr als fünfzig Jahre später, was an diesem Tage geschah: «Als ich aus der Kirche ins Freie trat, hatte ich das Gefühl, für alle meine Fragen und Sünden die Antwort gefunden zu haben. Ich hörte den Wind vom Himmel brausen. Er wehte über mich hin und durch mich hindurch. Ich ging davon als ein ganz anderer Mensch.

Ich traf dann einen jungen Mann, ein frisches, junges Blut. Er lebte mit seiner Familie im Nachbarhaus auf dem Hügel über dem See. Er sagte: ‹Wie wäre es mit einem Spaziergang?› ‹Gut›, sagte ich. Wir gingen dem See entlang. Er wollte wissen, warum ich so anders aussah als am Tag vorher. Ich erzählte ihm, was geschehen war und wie das Kreuz meine Not geheilt habe. Bevor wir ans Ende unserer Wanderung gelangt waren, hatte er die gleiche Erfahrung gemacht. Er konnte nicht anders, als es sofort seinen Eltern zu erzählen, die ob seiner Änderung überglücklich waren...»

Frank Buchman fuhr fort:

«Viele reden über das Kreuz, aber es bedeutet ihnen so gut wie nichts. Es ist nicht real. Es ist etwas, worüber sie sprechen gehört oder gelesen haben, was jemand anders erlebt hatte. Aber eine Erfahrung des Kreuzes schneidet ins Leben ein. Es ist wie bei Paulus auf dem Weg nach Damaskus. Er hörte eine Stimme, aber er sah niemanden, und er wurde ein anderer Mensch. Es ist die innere Verwandtschaft mit der himmlischen Macht, die diese Änderung beim Hören auf die leise innere Stimme bringt.

Mit einer Erfahrung des Kreuzes werdet ihr vor nichts zurückschrecken. Ich lernte in Keswick, daß ich so schuldig wie irgend ein anderer war. Ich hatte dringend eine Änderung nötig. Ich mußte mit mir selbst beginnen.»

Dieses Erlebnis hatte für Buchman nichts Mystisches, es machte ihn im Gegenteil zu dem großen Realisten, der er geworden ist.

28

In Buchmans Notizen steht ein Satz, der seine ganze Erfahrung zusammenfaßt: «Das Kreuz ist nicht das wahre Kreuz, wenn es bloß etwas ist, das auf einem Hügel vor 2000 Jahren geschah. Es ist eine furchtbare und vernichtende Begegnung mit der Heiligkeit Gottes, die das Herz zerbricht, aber wieder aufrichtet; die verurteilt, aber heilt; die die Sünde haßt, aber das Beste in uns liebt; die alles erschüttert, aber wieder ganz macht; die das Ende ist, aber auch der Anfang; die zum Tode des Ichs führt und zu seiner Wiedergeburt durch die Macht des Auferstehungslebens Jesu Christi.»

Durch einen neuen Auftrag fand Frank Buchman die Gelegenheit, seine Erfahrung in die Praxis umzusetzen. Ein Neffe des amerikanischen Ehepaares, dem er in Athen beigestanden war, Vance McCormick, Präsident der Demokratischen Partei Pennsylvaniens und Vorstandsmitglied des Pennsylvania State College, unterstützte den Vorschlag Dr. John Motts, Frank Buchman am College als Sekretär der «Christlichen Studenten-Vereinigung» (CSV) anzustellen. Im Empfehlungsschreiben wird Buchman als «ein Mann von offener Gesinnung und großer persönlicher Anziehungskraft» beschrieben. Das Anfangsgehalt bestand aus freier Wohnung und monatlich 100 Dollar.

Als Buchman die Stelle antrat, befand sich das College in schlimmem Zustand. Trotz der Prohibition floß der Alkohol in Strömen. Er wurde von einem Schmuggler geliefert, der einer der Collegediener war. Ein Studentenstreik hatte stattgefunden. Die Niederlagen bei sportlichen Anlässen waren der Gradmesser für den niedrigen Stand der Disziplin in der Studentenschaft.

Buchman nahm zunächst seine Funktion als Sekretär einer Organisation sehr ernst. Er lud zu Versammlungen ein, wo Bibelarbeit betrieben, Vorträge angehört, gesellige Abende veranstaltet wurden. Die Arbeit eines Sekretärs mißt man an der Anzahl der Mitglieder, die er zu gewinnen versteht. Buchman war in dieser Hinsicht erfolgreich: Die Zahl der Mitglieder wuchs von 491 im Jahr 1909 auf 1040 im folgenden Jahr. Aber er fühlte sich innerlich unbefriedigt. Nicht, daß er von vielen Studenten eine eisige Ablehnung erfuhr und mit allerlei Spitznamen bedacht wurde, bekümmerte ihn. «Lächerlich gemacht zu werden», schrieb er in einem Brief, «stört mich nicht. In den ersten Monaten war ich der unpopulärste Mann im State College. Wenn man sich lange genug mit Menschen abgibt, dann werden solche, die einen ausgelacht haben, die besten Mitarbeiter. Das Lachen ist oft eine Maske, die eine innere Unruhe und oft ein tragisches Geschick verdeckt.»

Aber etwas anderes quälte Frank Buchman. Er fühlte, daß er Sklave einer Institution geworden war und daß dadurch seine Arbeit keine bleibende Frucht brachte. «Ich arbeitete achtzehn Stunden im Tag», sagte er später, «ich war so beschäftigt, daß ich zwei Telefonapparate in meinem Schlafzimmer haben mußte. Menschen kamen zu mir, aber es geschah nichts Umwälzendes in ihrem Leben. Es blieb nichts bestehen.» Gerade zu dieser Zeit bekam Frank Buchman durch einen anderen Menschen den entscheidenden Anstoß. Der Kanzelredner Dr. F. B. Meyer, den er vergeblich in Keswick zu treffen gehofft hatte, kam auf einer Vortragstournee auf Besuch ins State College. Er beobachtete Buchman bei seiner Arbeit, sah erstaunt die zwei Telefonapparate, hörte geduldig seinen Rechenschaftsbericht an. Er war nicht beeindruckt. Er ging direkt zum Kern der Sache über. Auf zwei Punkte komme alles an: mehr auf Gott statt auf das Klingeln des Telefons zu hören und nicht Versamm-

31

lungen, sondern das Gespräch von Mensch zu Mensch zum Mittelpunkt der Arbeit zu machen.

Für Frank Buchman war es wieder ein Wendepunkt in seinem Leben. «Seit damals», sagte er, «dachte ich nicht mehr in Zahlen, sondern in Menschen.»

Aus dem Funktionär, der sich auf Statistiken stützte, war ein Revolutionär geworden, der bereit war, auf ungebahnten Wegen alles zu wagen.

«So beschloß ich, eine Stunde täglich, von fünf bis sechs Uhr, bevor das Telefon zu funktionieren anfing, in einer Zeit der Stille auf die leise Stimme des lebendigen Gottes zu hören. Alles wird so anders, wenn der Heilige Geist eine tägliche Realität wird.»

Die Praxis des Schweigens wurde zum Schlüssel von Frank Buchmans Wirksamkeit. Das Hören auf die innere Stimme, durch die Gott zum Menschen spricht, das Aufschreiben der Gedanken und der «königliche Weg des Gehorsams», der in immer weitere Horizonte führt, wurde für ihn und Hunderttausende auf allen Kontinenten zur täglichen Disziplin. Die «stille Zeit» begann auf leisen Füßen durch die Welt zu gehen.

Wieder kann man sich fragen, warum der Name F.B. Meyers in Vergessenheit geriet, während die «Führung» durch Gottes Stimme, wie sie von Buchman gelehrt wurde, immer mehr in die Weite und Tiefe geht? Vielleicht liegt das Geheimnis darin, daß Buchman an die Schaltstelle des Herzens geraten ist, wo sich das Innere in das Äußere umsetzt, wo die Idee zur Tat wird.

Frank Buchman selber hat in der Praxis des Horchens und Gehorchens nie ausgelernt. Sie verwirklichte sich auch für ihn Schritt um Schritt.

32

Es begann damit, daß ihm eines Morgens ein Name einfiel, wie ein Glockensignal: Tuts, Tuts, Tuts. Es war der Rufname eines der beliebtesten Studenten, eines Spaßmachers und Theaterbesessenen, an den Buchman nicht im Traum als möglichen Partner gedacht hätte. Aber er traf ihn am gleichen Morgen im Hof und hatte den Mut, ihn anzusprechen. Er lud ihn zu sich ein. Alles war erstaunt über die Änderung, die mit diesem jungen Manne vor sich ging.

Dieses Erlebnis öffnete Frank Buchmans Augen für neue Möglichkeiten. Seine Arbeit bekam einen ganz anderen Stil. Buchman erzählte selber, wie durch die Änderung von drei Menschen – eines Studenten, Enkel eines Gouverneurs, des Alkoholschmugglers Bill Pickle und des Dekans, eines Freidenkers – das geistige Klima der Universität sich änderte. Es ist «Die Geschichte eines Wunders» im Anhang von Frank Buchmans Reden *Für eine neue Welt.*

Der Einfluß dieser drei geänderten Menschen war außerordentlich. Die Gelage hörten in den folgenden Jahren auf. Die Studenten fingen an, sportliche Erfolge zu erringen. Die wissenschaftlichen Leistungen besserten sich. Von den sechzehnhundert Studenten nahm ein großer Teil am Bibelstudium unter Frank Buchman teil. Dr. John Mott und Menschen aus aller Welt kamen ins State College, um die Wunder zu sehen, die Gott gewirkt hatte.

Sieben Jahre war Frank Buchman im Pennsylvania State College an der Arbeit gewesen. Im Jahr 1915 fühlte er, daß sein Werk dort getan war. 1911 besuchte er mit seinen Eltern Europa. 1912 war er wieder in Deutschland und Frankreich. In Grenoble versuchte er vergeblich, Französisch zu lernen. Jetzt war der Krieg ausgebrochen. Frank Buchmans Gedanken gingen ständig über alle Grenzen zu seinen europäischen Freunden. Er konnte nicht anders, als über alle Schranken hinauszustreben. «Ihr müßt in Kontinenten denken», hämmerte er seinen Studenten im Penn State College ein.

Im April 1915 bekam er einen Brief von John Mott, der ihn einlud, an einer Aktion unter den Soldaten in Europa teilzunehmen. Eine «Fliegerstaffel», wie John Mott sagte, von sechs erfahrenen Sozialarbeitern sollte sich auf den Schlachtfeldern betätigen. Buchman nahm trotz des ängstlichen Abratens seiner Mutter freudig an. Aber im letzten Augenblick trat eine Wendung ein. John Mott hatte von Indien einen dringlichen Anruf bekommen, er solle einen Mann senden, der an den Universitäten die neue Art der Sozialarbeit, die sich in Amerika bewährt hatte, einführen könne. Frank Buchmans Name wurde erwähnt. Die Einladung war verlockend. Indien war schon lange sein Traum gewesen. Innerhalb von vierundzwanzig Stunden war er bereit.

Die Arbeit war dann allerdings anders, als Buchman es sich vorgestellt hatte. Man hatte ihn zum Mitarbeiter Sherwood Eddys gemacht. So hatte Buchman hauptsächlich die riesigen Erweckungsversammlungen zu organisieren, an denen Sherwood Eddy durch seine mächtige Rednergabe die Massen zu erschüttern wußte.

«Indien ist das schwerste Arbeitsfeld der Welt», hatte Eddy vor Beginn des Feldzuges seinem Begleiter Buchman geschrieben. Buchman bekam einen Begriff von der Größe dieser Aufgabe. Vom August 1915 bis Februar 1916 fanden Massenversammlungen in allen großen Städten von Travancore bis Rawalpindi statt. Daneben wurden Gefangenenlager besucht. Führende Persönlichkeiten Indiens empfingen die zwei Wanderprediger: Rabindranath Tagore, Mahatma Gandhi, die Maharadschas der großen Länder. Öfters waren sie auch zu Gast beim Vizekönig Lord Hardinge.

Es war für Buchman eine ungeheure Erweiterung seines Gesichtskreises. Auch war es das erstemal, daß er in Kontakt mit solchen Menschenmassen kam. In Travancore, dem heutigen Kerala, saßen mehr als 40 000 Zuhörer dichtgedrängt am Boden und hörten in der fast unerträglichen Hitze während drei Stunden in gespannter Stille den Reden zu. Das war nur der Anfang. Man konnte von einem unerhörten Erfolg sprechen.

Doch Frank Buchman war nicht befriedigt. Mehr und mehr empfand er einen Widerwillen gegen diese Massenversammlungen. Er hat sich immer wieder gefragt, was denn schließlich dabei herauskomme. «Es ist», sagte er in einem drastischen Bild, «wie wenn man mit einer Blechmusik auf Kaninchenjagd auszöge.» Ihm ging es darum, aus dem Massenmenschen einen Einzelmenschen zu machen, der auf eigenen Füßen stehen und für andere sorgen konnte. In einem Brief an John Mott schrieb er: «Sie wollten wissen, was mein Eindruck von dieser Arbeit ist. Was mich jeden Tag immer mehr bedrängt, ist, daß wir in Indien zeigen sollten, wie man arbeiten müßte. Ich fühle überall den Mangel an dem, was von Mensch zu Mensch geschehen sollte. Gewisse Leute versagen, weil sie sich nicht mit den allernächsten Bedürfnissen der Menschen, mit denen sie zu tun haben, befassen.»

Buchman zitiert ein Beispiel: «Drei indische Sekretäre wirken an der Seite eines Amerikaners. Sein Problem ist Ehrlichkeit. Die Inder wissen es. Fast alle um ihn herum wissen es. Er selber weiß es. Aber niemand scheint zu wissen, wie man Unehrlichkeit so umwandeln kann, daß sie zum Sprungbrett einer ansteckenden Kraft wird. In einem Gespräch von zwanzig Minuten hat der Amerikaner den Zugang zu dieser neuen Dimension gefunden.»

In einer indischen Wochenschrift schrieb Buchman: «Persönliche Arbeit bedeutet, im andern Menschen alle Möglichkeiten, die in ihm angelegt sind, zur Entfaltung zu bringen.» Was Buchman unter persönlicher Arbeit meinte, zeigt das Beispiel des Knaben Viktor. Nach seinem Besuch bei Gandhi in Madras hatte der Direktor einer berühmten Schule Buchman zu einem Ferienlager der Jungen am Fuße des Himalaja eingeladen. Dort beklagte sich der Direktor über einen Jungen namens Viktor. Er sei ein Rebell. Er pflege die Zeltpflöcke aus dem Boden zu ziehen, so daß das Zelttuch auf die Insassen falle. Er meide alle Versammlungen. Die Verantwortlichen wollten ihn sofort nach Hause schicken.

Buchman fragte den Direktor: «Haben Sie mit dem Jungen gesprochen?»

«Nein», antwortete er, «wir haben nur über ihn gesprochen. Wollen nicht Sie einmal mit ihm sprechen?»

Buchmann war einverstanden. Der Direktor versprach, daß der Junge ihn am nächsten Morgen um 10.30 Uhr aufsuchen werde. Viktor zeigte sich nicht. Beim Mittagessen fragte der Direktor, wie das Gespräch verlaufen sei.

Buchman sagte: «Kein Viktor da!»

«Aber er hat doch versprochen zu kommen!» sagte der Direktor empört.

«Viele sagen ja, wenn sie nein im Sinne haben», erwiderte Buchman. «Versuchen Sie, ob er mich um 14.30 Uhr treffen kann.»

Während die andern ihrer Mittagsruhe pflegten, wartete Buchman auf Viktor. Wieder gab Viktor kein Zeichen von sich. Beim Tee sagte der Direktor: «Aber er hat mir versprochen, er werde zu Ihnen kommen.»

In dieser Nacht schien ein herrlicher Vollmond. Viktor, der versprochen hatte, Buchman zu treffen, hatte sich davongemacht und ruderte in einem Boot auf dem Kanal. «Wer wird es ihm verargen, daß er lieber draußen ist?» bemerkte Buchman.

Am andern Morgen um 11 Uhr kam der Direktor eilends zu Buchman: «Ich habe Viktor erwischt. Bitte, kommen Sie sofort.» Er zeigte ihm den Weg zu einem kleinen Hügel, wo Viktor mit einem Kameraden spielte. Sie wirbelten Bambusstöcke in die Luft wie der Tambourmajor an der Spitze seiner marschierenden Musikkapelle.

Frank Buchman kam zu Viktor und sagte: «Das verstehst du prima, ich wollte, ich könnte es auch.»

37

Viktor, der sonst älteren Personen aus dem Weg ging, erwiderte: «So versuchen Sie es doch.» Buchman versuchte es und versagte kläglich. Viktor war entzückt. Buchman setzte sich und sagte zu Viktor: «Ich war früher auch in einem Lager. Ich haßte es.» Viktor erwiderte: «Waren Sie so? Ich bin auch so.»

Dann begann er Buchman zu erzählen, wie er einfach nicht anders konnte, als andere zu ärgern und die Zeltpflöcke herauszuziehen. Er fügte hinzu: «Irgend etwas ist in mir nicht in Ordnung. Das ist alles, was man darüber sagen kann.»

Nach einigem Hin- und Herreden sagte er: «Es tut mir leid.»

«Wie sehr tut es dir leid?» fragte Buchman. «Weißt du, was Gewissensbisse sind?»

«Ja, ich weiß, das bedeutet, daß einem etwas leid tut, dann geht man darüber hinweg und tut es wieder.»

«Das führt zu nichts», sagte Buchman.

«Nein», erwiderte Viktor, «was ich brauche, ist Reue. Das bedeutet, es tut einem so leid, daß man es nicht wieder tut.»

Buchman war so beeindruckt von Viktors Verständnis für den Unterschied zwischen Gewissensbissen und Reue, daß er sich die Definition des Jungen für den Rest seines Lebens zu eigen machte.

Dann aber fuhr Buchman fort: «Du kannst einen Freund haben, der dich immer versteht, der immer zu dir hält und so interessant ist, daß du nie von ihm weglaufen willst.»

Viktor sagte: «Ich weiß, Sie meinen Jesus Christus. Ich wäre gerne sein Freund, aber ich weiß nicht wie.»

Buchman sprach mit dem Jungen am Hang des Himalaja über Sünde. Im Englischen sind es drei Buchstaben mit dem dicken Ich in der Mitte. «Sünde ist etwas, das zwischen mich und Gott, zwischen mich und meinen Nächsten kommt.» Er erzählte, wie er auf seine Knie gegangen sei und alles, was er von sich selbst wußte, allem, was er von Gott wußte, übergab.

Viktor sagte: «Ich möchte das gerne tun.»

So kniete er mit Buchman nieder und sagte: «Herr, ordne Du mein Leben, ich selber kann es nicht.»

Später sagte er zu Buchman: «Es war, wie wenn ein Haufen alten Gepäcks, das zu nichts gut war, von mir abgefallen wäre. Ich muß meinen Freunden erzählen, was mit mir passiert ist.»

Buchman ermutigte ihn: «Wenn Jesus dein bester Freund ist, wäre es unhöflich, ihn nicht andern vorzustellen.»

Am Abreisetag fragte der Direktor: «Was in aller Welt ist mit Viktor passiert, er ist so anders geworden?»

Buchman antwortete: «Warum fragen Sie ihn nicht selbst?»

Aber Viktor war nicht da. Er hatte einen Polizisten gesehen, der einen Gefangenen mit Handschellen zum Kerker führte. Viktor ging zum Gefangenen und sagte ihm: «Ich war vor einigen Stunden wie Sie. Ich war der Gefangene all des Unrechten, das ich getan hatte. Ein Mann namens Paulus war auch ein Gefangener. Aber trotzdem er im Gefängnis war, war er ein freier Mann. Und auch Sie können ein freier Mensch sein. Ich werde Sie aufsuchen, wenn Sie entlassen sind, und mehr davon erzählen.»

Dann kaufte Viktor Reis und Curry und brachte es dem Gefangenen.

Monate später besuchte Frank Buchman Viktor in seiner Schule und traf dort manche seiner Kameraden – Moslems, Hindus sowie auch Engländer. Sie hatten sich ebenfalls geändert, nachdem sie mit Viktor gesprochen hatten.

Die Geschichte dieser Änderung wurde in ganz Indien herumerzählt. Ein Bischof, der Buchman traf, sagte ihm: «Wir brauchen einander nicht vorgestellt zu werden. Ich habe Viktor gesehen!» Er bat Frank Buchman, in England dasselbe mit seinem Sohn zu tun, der in Cambridge studierte. Diese Bitte des Bischofs war der Anlaß zu Buchmans Wirken in Cambridge und Oxford, von wo aus die große Ausbreitung seiner Arbeit ihren Anfang nahm.

Buchmans unkonventionelle und direkte Art, mit Menschen umzugehen, widersprach den üblichen Missionsmethoden. Viele fühlten sich davon herausgefordert. So bildete sich wie anderswo eine Front gegen ihn. Immer mehr brannte der Boden unter seinen Füßen vom Feuer der Verfolgung, das Propheten schmiedet.

Um so dankbarer war er, wenn er Menschen traf, die ihn verstanden und durch ihre Freundschaft ermutigten. Einen seiner besten Freunde traf er in dieser Zeit schwerster Anfechtung. Es war der hochbegabte junge Amerikaner Howard Walter, den er mit seiner Frau Marguerite in Pakistan kennengelernt hatte. Walter war mit Asien vertraut und eine Autorität in Islamkunde. Ein Freund hatte ihn als «eine seltene Kombination eines geschulten Gehirns mit einem kindlichen Herzen» beschrieben, «einen geborenen Dichter, der seinen Willen Jesus Christus überantwortet hatte». Für Walter war Buchman, dessen Anwesenheit in Lahore wie «eine frische Brise» gewirkt hatte, ein «Wundermann». Als er 1916 nach Amerika zurückkehrte, um einen Posten am Theologischen Seminar der Hartford-Universität anzutreten, stellte er an die Fakultät das dringende Gesuch, Buchman als Assistenzprofessor zu berufen, mit dem Auftrag, den Lehrgang der Studenten auf eine lebendigere Basis und in einen weiteren Horizont zu stellen. Buchman nahm an, vor allem, weil er gemeinsam mit Walter an einem wissenschaftlichen Werk über «Individuelle Menschenbehandlung» arbeiten wollte. Es handelte sich darum, den christlichen Glauben durch die Übertragung von Mensch zu Mensch für den Aufbau der Gesellschaft wirksam zu machen – eine Aufgabe, die schon Prof. Henry Drummond in Edinburg und Prof. Henry B. Wright von der Yale-Universität in Angriff genommen hatten.

Frank Buchman war vom Rektor der Universität, Douglas Mackenzie, zugebilligt worden, neben seinem Lehrauftrag auch auswärtige Reisen zu unternehmen. Es war die einmalige Gelegenheit für ihn, seine Arbeit gleichzeitig geistig zu untermauern und in einem weiteren Horizont praktisch auszuüben – eine Verbindung von Theorie und Praxis, die seiner innersten Berufung entsprach. In seiner unternehmenden Art faßte er das Amt einer Professur so unkonform auf, daß es sofort in wissenschaftlichen Kreisen Anstoß erregte: Ein theologisches Seminar sei dazu da, Revolutionäre auszubilden, die imstande sein sollten, die Strukturen der Gesellschaft umzuwandeln.

In jenen Monaten, vom September 1916 bis Juni 1917,

41

stand Buchman unter dem mächtigen Einfluß von Prof. Henry B. Wright, der als Professor für Latein und Griechisch so tief auf das geistige Leben der Universität Yale gewirkt hatte, daß man eigens für ihn einen Lehrstuhl für die Anwendung des Christentums auf den Alltag des Menschen schuf. Das Thema seiner Vorlesung war: «Der Wille Gottes und das Lebenswerk des Menschen.» Er war, wie Henry Drummond, unter dem Einfluß des Erweckungspredigers Dwight L. Moody gestanden. An der Wand seines Vorlesungssaales standen Moodys Worte: «Die Welt wartet darauf, zu sehen, was Jesus Christus in, mit, für und durch einen Menschen tun kann, der seinen Willen ganz Gott übergeben hat.»

Um eine Vorlesung von fünfzig Minuten bei Prof. Wright zu hören, reiste Buchman jeweils vier Stunden hin und zurück, von Hartford nach Yale. Von Wright lernte er die Anwendung der vier moralischen Grundsätze, die dieser bei Robert Speer gefunden hatte. Auch das Dreieck Gott – Ich – der Nächste, das für Buchman eine solche Bedeutung bekam, war eine Grundlage von Wrights Unterricht.

Frank Buchman hat auch offen zugegeben, was er Prof. Wright verdankte. In einem Brief aus China schrieb er ihm: «Vieles vom Besten in meiner Botschaft verdanke ich Ihnen. Sie kommen näher als irgendein mir bisher Bekannter in den Bereich der Erfahrung, die durch die Grundsätze Jesu Christi vermittelt wird.»

Hier wird auch sichtbar, warum diese Dinge bei Buchman eine fortdauernde Wirkung ausübten, während der Name von Prof. Wright für viele aus dem Gedächtnis geschwunden ist. Buchman drückte seinen Glauben da-

durch aus, daß er ihn auf andere Menschen übertrug. Im
Herbst 1916 versammelte er eine Gruppe von Männern
um sich, um mit ihnen gemeinsam eine Strategie zu
finden, durch die der Glaube ganze Nationen erfassen
könnte. Er schrieb dem Rektor Mackenzie: «Ich bin
überzeugt, daß diese kleine Gruppe einen Dienst an der
Welt tun wird, der in eine neue Dimension christlicher
Wirksamkeit führen kann. Unser Grundgedanke ist: Arbeit am einzelnen ist das Dauernde, Versammlungen
bieten die Gelegenheit dazu. (Individual work must be the
constant, meetings the occasion.)»

Buchman war nun vorbereitet für eines seiner größten
Abenteuer: China.

in, mit, für, durch

China war in jenen Jahren am Scheideweg. Jahrtausendalte Traditionen waren am Zusammenbrechen. Westlicher Kapitalismus und Imperialismus waren eingedrungen. Exterritoriale Reservate entstanden, von wo aus die Westmächte mit überlegenen modernen Waffen alle selbständigen Regungen Chinas unterdrückten. Aber ein neues China war im Vordringen. Die weltgeschichtliche Frage war, welche Richtung es nehmen würde.

Die entscheidende Persönlichkeit war der Arzt Sun Yat-sen (geb. 1866), der 1905 die Nationale Volkspartei, die Kuomintang, gegründet hatte. Seine drei Prinzipien: Einheit des Volkes (Nationalismus), Rechte des Volkes (Demokratie), Wohlfahrt des Volkes (Sozialismus) wurden von Studenten und Missionsschülern unter das Volk gebracht.

Durch die Revolution der Jungchinesen wird 1912 die alte Monarchie, die Mandschu-Dynastie, zur Abdankung gezwungen. Sun Yat-sen ruft in Nanking die Republik aus. Er überlässt die Präsidentschaft dem General Yuan Schi-kai, dem Erneuerer der Armee, wird aber 1917 zum Generalissimus gewählt, um den Kampf gegen die Militärmachthaber (warlords) zu führen, die, durch die Westmächte unterstützt, als eigenmächtige Provinzstatthalter die Einigung des Reiches zu untergraben versuchten.

Das Schicksal Chinas liegt in diesen Jahren auf der

Waagschale. Es ist die Zeit, in welcher Frank Buchman einen entscheidenden Einfluß auf die Ereignisse ausübt.

Schon im Jahre 1916 hatte Buchman einen ersten Besuch in China gemacht. Es war auf seiner Rückkehr von Indien nach Amerika. Er hielt sich in verschiedenen Hafenstädten auf und nahm an einer von der Mission veranstalteten Sommerkonferenz in Kuling teil. Er hielt sich bewußt zurück. Es war ihm vor allem darum zu tun, die Verhältnisse kennenzulernen und die Persönlichkeiten zu treffen, die einen Einfluß auf den Gang der Ereignisse haben konnten.

Zu seinem zweiten Besuch in China (1917) kam er nicht allein. Seine Freunde Howard Walter und Sherry Day begleiteten ihn. Er hatte den offiziellen Auftrag, eine Erweckungskampagne für Sherwood Eddy vorzubereiten, wußte aber in seinem Innersten, daß in diesem Entscheidungsjahr eine Aktion auf einer ganz anderen Ebene notwendig war. Seine Arbeit in Indien hatte ihm gezeigt, wie notwendig es war, die führenden Kräfte des Landes zur Verantwortung heranzuziehen. Die ausländischen Missionsleute hatten, trotz guten Willens und oft bewunderungswürdiger Opferbereitschaft, kein Verständnis für die wirklichen Nöte des Landes. Die meisten stützten sich auf ihre alten Arbeitsmethoden und waren erstaunt, daß dabei so wenig herausschaute. Ein englischer Geistlicher, der über die Arbeit in Indien einen offiziellen Bericht schrieb, schloß ihn mit einem erschreckenden Wort aus dem Propheten Jesaja (37,3): «Das ist ein Tag der Trübsal ... cs ist, als wenn die Kinder bis an die Geburt gekommen sind, und ist keine Kraft da zu gebären.» Dazu Buchman: «Das ist der Schlüssel zum Problem.»

Als Buchman im Juni 1917 in Schanghai ankam, war China zerrissener als je. Der Präsident General Yuan Schi-kai war im Juni 1916 gestorben. Das Reich blieb für Jahre ohne zentrale Regierung. Die Warlords spalteten das Land. Gleichzeitig schlug der Aufruf Woodrow Wilsons für die Selbstbestimmung der Völker wie ein Blitz ein. Chinas Eintritt in den Krieg erfolgte in diesem Jahr mit der Hoffnung auf die Annullierung der fremden Privilegien.

In Kanton, dem Sitz der jungen Revolutionäre, hatte Sun Yat-sen die Führung übernommen, mußte aber infolge von Unruhen nach Schanghai fliehen. Buchman war in Schanghai. Er hätte dort alle Hände voll zu tun gehabt. Doch erwartete man ihn an der Sommerkonferenz von Kuling. Hier traf er wieder Missionare, die mehr an Wortverkündigung als an Wortverwirklichung dachten. Sie bewegten sich in gewohnten Bahnen und hielten Versammlungen mit Vorträgen über den christlichen Glauben. Aber mit dem einzelnen hatten sie keinen Kontakt, und die Not des Landes blieb ihnen fremd. Vor allem verstanden sie es nicht, mit einheimischen Chinesen zusammenzuarbeiten. Buchman wollte diese Wand der missionarischen Konvention durchbrechen. Er sprach von der «abstrakten Liebe zur Masse». «Wer kann die Kraft eines einzelnen, der für Christus gewonnen ist, ermessen? Wäre der eigenmächtige General Yuan Schi-kai gewonnen worden, hätte es die Geschichte Chinas ändern können.» — «Ich wäre zufrieden, könnte ich in China fünf Männer finden, die mit dem einzelnen umzugehen wissen, aber ich glaube, es sind noch viel mehr.» — «Wir brauchen eine hundertprozentige Hingabe. Wir müssen eine Botschaft für jedermann haben. Man sagt, das sei in China nicht möglich. Ich glaube, wir können China für Gott gewinnen. Und das können wir tun, wenn wir an unsere schwierigsten Gegner herangehen und sie gewinnen. Unsere Gefahr ist, daß wir zuviel auf der geistigen Ebene reden und das andere vergessen. Die meisten Probleme des Lebens liegen auf physischer Basis.»

Bevor die Konferenz im Gange war, hatte Frank Buchman diese Grundsätze praktisch ausprobiert. Er hatte die Bekanntschaft mit einem chinesischen Diplomaten gemacht, Dr. Chang Ling-nan, der im chinesischen Teil von Kuling lebte. Später wurde er Gouverneur von Hankow und rettete durch seinen Mut die Stadt vor den kommunistischen Rebellen. Eine seiner Töchter heiratete T.V. Soong, den Bruder der drei schönen Soong-Schwestern, deren eine die zweite Frau von Sun Yat-sen, eine andere die Frau von Tschiang Kai-schek wurde. Dr. Chang war es, der später die Begegnung Frank Buchmans mit Sun Yat-sen möglich machte. Buchman war nach einem Tennisspiel bei ihm zum Abendessen eingeladen. Er erinnert sich noch an die dreißig Gänge mit zwanzig Jahre alten Eiern, die wie Käse schmeckten, Seetang, rohen Fischfilets, an eine Vogelnest-Suppe und Chrysanthemenblätter in allerlei Süßigkeiten eingetaucht zum Nachtisch. Zu jedem Gang nahm der Diplomat einen besonderen Wein. Da er selber nicht mehr fest auf den Beinen war, dachte er, Buchman könne nicht mehr zu Fuß heimgehen. Man nennt das «Projektion», bemerkte Frank Buchman. Er wurde in einem Tragstuhl von sechs Kulis nach Hause gebracht. Am andern Tag war der Diplomat bei Buchman zu Gast. Während des Essens

47

sprach Buchman von «Führung». Er erzählte, wie er eines Abends auf der Straße hinter einem Mann einherging und plötzlich den Gedanken hatte: «Dieser Mann ist in großer Not.» Da er nicht sicher war, sagte er sich: «Wenn der Mann bei der nächsten Laterne stehen bleibt, spreche ich ihn an.» Er blieb stehen. Frank Buchman holte ihn ein und sagte: «Ich hatte das Gefühl, daß ich mit Ihnen sprechen müsse. Ich dachte, Sie hätten vielleicht etwas nötig.» – «Und ob», erwiderte der Mann, «Gott muß Sie gesandt haben. Ich wollte an die frische Luft gehen. Aber ich bin in schrecklicher Not. Meine Mutter ist dort im Krankenhaus. Sie liegt im Sterben. Meine sieben Brüder und Schwestern sind auch da, und ich weiß nicht, was ich mit ihnen anfangen soll.» Die zwei Männer gingen zusammen hinein und beteten mit der Familie. Diese Familie blieb mit Frank Buchman in Kontakt und nahm an seiner Arbeit teil. Der chinesische Diplomat fragte Buchman: «Glauben Sie, daß Gott mit Menschen wie wir reden kann?» — «Natürlich glaube ich das», antwortete Buchman.

Unterdessen war ein Sturm ausgebrochen. Buchman lud den Diplomaten ein, für die Nacht bei ihm zu bleiben. Er antwortete: «Aber meine Frau erwartet mich.»

«Sie hat sicher schon oft auf Sie warten müssen», sagte Buchman.

Der Diplomat lächelte und stimmte zu, sagte aber, seine Kulis müßten zurückkehren. Buchman erinnerte ihn daran, daß vor kurzem drei Kulis in der Nähe von Tigern gefressen worden waren. Sie würden lieber da bleiben. Der Diplomat blieb.

Bevor sie zu Bett gingen, bat Buchman den Chinesen,

ihm sein Lieblingskapitel aus der Bibel zu lesen. Der Diplomat schlug in der Verlegenheit ein Kapitel auf, das ein Geschlechtsregister enthielt mit lauter schwierigen Namen und immer wieder «zeugte», «zeugte»... Trotzdem las er es bis zum Schluß.

Die Männer beteten zusammen und gingen dann zu Bett. Am andern Morgen sagte der Diplomat, vielleicht hätte ihn das Bibellesen so schläfrig gemacht. «Vielleicht», sagte Buchman, «wollen wir ein anderes Kapitel lesen.» – «Diesmal lesen Sie», sagte rasch der Chinese. Buchman las ihm I. Korinther 6, Vers 9–11 vor. – «Ich wußte nicht, daß das in der Bibel steht», äußerte sich der Diplomat, «aber es paßt genau auf mich. Ich wollte gestern nicht hier schlafen, weil ich nicht ohne Pillen schlafen kann. Der Arzt gibt mir Pillen zum Einschlafen und zum Aufwachen. Sie sind der einzige, dem ich das erzählt habe.»

Der Diplomat wurde ein anderer Mensch. Er begann, andern zu erzählen, was mit ihm geschehen sei und wie Gott ihm eine Hilfe für seine Niederlagen und Kompromisse gebracht habe. Er wurde ehrlich mit seiner Frau, und es entstand eine neue Familie. Einige Tage später lud er vierzig seiner Freunde mit Frank Buchman ein. Sein Bericht machte großen Eindruck auf seine Gäste, unter denen sich führende Persönlichkeiten Chinas befanden.

Eine solche Arbeitsmethode war nicht nach dem Geschmack der Konferenzteilnehmer. Sie warfen Buchman vor, er verliere zuviel Zeit mit Chinesen. Man begann sich von ihm abzuwenden und hinter seinem Rücken über ihn zu munkeln. Buchman spürte den Widerstand, aber er ließ sich nicht aufhalten.

Kurz darauf verließ ihn Howard Walter mit zwei seiner Begleiter, um seine Arbeit in Amerika wieder aufzunehmen. Buchman blieb mit seinem Freund Sherry Day allein zurück.

Als dann der Bericht eintraf, Dr. Eddy hätte seinen Besuch auf spätere Zeit verschoben, saßen die beiden ohne Geldmittel auf dem trockenen. In diesem Augenblick erreichte sie die Nachricht, daß der Vorstand einer amerikanischen China-Stiftung die Mittel zur Verfügung stellte, um Buchmans Programm zu verwirklichen. Nun war die große Gelegenheit gekommen.

Buchman ging sofort an die Arbeit. Er wählte vierzehn Männer aus, darunter auch hervorragende Chinesen. Einer dieser Männer war Dr. Cheng Ching-yi, ein Mitarbeiter von Bischof Logan Roots. Dr. Cheng hatte an der Konferenz von Kuling mit Frank Buchmans Hilfe gelernt, sein Leben unter Gottes Führung zu stellen. Er brachte seinen Freund mit, Dr. George Hsu-Ch'ien, der Justizminister und Sun Yat-sens Sekretär war. Dr. Hsu gab Buchman einen Einführungsbrief an Sun Yat-sen, worin er schrieb: «Es ist seit zwei Jahren meine Überzeugung, daß unsere Nation durch die Ideen, die im lebendigen Christentum verkörpert sind, gerettet werden kann. Wenn Sie als Christ ein solches Programm unterstützten, würde es blühen und wachsen und sich zu einer vor aller Welt sichtbaren Frucht entfalten. Es gibt einen geistesstarken Führer namens Frank Buchman, der eine ungewöhnliche Wirkung auf Menschen ausübt, indem er sie dazu bringt, ihren Glauben in die Tat umzusetzen.»

Sun Yat-sen hatte in Amerika studiert, und er und viele Chinesen vertrauten Amerika unbegrenzt. Washington und Lincoln galten für sie mehr als Voltaire und Robespierre. Das Christentum war für sie eine revolutionäre Hoffnung. Sun Yat-sen hatte allerdings zu viele Christen getroffen, um nicht gewisse Zweifel an ihrem revolutionären Geist zu hegen. Nach der Oktoberrevolution hatte er Lenin ein Glückwunschtelegramm gesandt. Gleichzeitig verwarf er den Materialismus und hielt moralische Prinzipien für grundlegend. Die Frage blieb für ihn noch in der Schwebe, ob das Christentum oder der Kommunismus die wahre Revolution hervorbringen werde. Das war die Schicksalsfrage in dieser Zeit für China. Der Weg war immer noch nach beiden Seiten offen.

Buchman traf Sun Yat-sen in einer alten Zementfabrik, die drei Notausgänge hatte. Das Gespräch schuf gegenseitiges Vertrauen. Als im Frühling 1918 Buchman den Generalissimus wieder aufsuchte, schickte Dr. Sun seine Berater aus dem Zimmer, um mit Buchman allein zu sein. Er sagte später: «Buchman ist der einzige Mensch, der mir die Wahrheit über mich ins Gesicht sagt.»

Bei dieser Wahrheit handelte es sich um etwas Tiefgehendes. Sun Yat-sen hatte seine erste Frau, die ihm drei Kinder geschenkt hatte, verlassen, weil er in eine der drei Soong-Schwestern verliebt war. Sie wurde seine Frau. Gegen den Willen ihrer Eltern war sie von zu Hause weggelaufen, um ihn zu heiraten. Es war ihr erster Schritt auf dem Weg nach Peking, wo sie nach dem Tode ihres Mannes in die höchsten Stellungen aufstieg und dem kommunistischen China den Glorienschein von Sun Yat-sens Namen verlieh. Diese Heirat wurde der Anlaß der Spaltung in seiner Familie und unter seinen Anhängern.   Dr. Hsu, sein Sekretär, und Frank Buchman hatten diese

51

Entwicklung mit Besorgnis verfolgt. Sie fühlten beide, welch ungeheure Bedeutung das private Leben des Führers für die Nation habe, vor allem für die jungen Revolutionäre, die ihn in allen Dingen zu ihrem Muster und Vorbild nahmen.

Zwei Monate später spitzten sich die Intrigen und Spaltungen zu einem Antrag an den Volksrat zu: Sun Yat-sen habe die militärische Befehlsgewalt aufzugeben und die Führung der Geschäfte auf einen Verwaltungsausschuß zu übertragen, in welchem er nur einer unter sieben sein sollte. Hsu-Ch'ien benachrichtigte persönlich seinen Chef über diese Gesetzesvorlage. Es erfolgte ein Zornesausbruch, der in Drohungen ausmündete. Hsu-Ch'ien stellte aber die Frage an ihn, warum er sich an dem Mann rächen wolle, der das Gesetz vorgeschlagen hatte, wenn er doch selber als Christ dem Gesetz Gottes nicht gehorche. Er überreichte ihm eine Bibel und bat ihn, die Geschichte von Bathseba und David zu lesen.

Zwei Monate später bekam Buchman einen Brief, in welchem Dr. Hsu ihm über Sun Yat-sen schrieb: «Ich sagte ihm, seine erste Frau habe sich in einer Zeit schwerer Anfechtungen mit ihm verheiratet. Wir Chinesen haben einen Spruch, der sagt, ein Mann solle das Weib nicht verlassen, das sich mit ihm in der Zeit der Not verbunden habe. Ich sagte ihm auch, es sei nicht gut für ihn, diese junge Frau hier bei sich zu haben. Wir Chinesen haben einen anderen Spruch, der sagt: Wenn eine Frau im Lager weilt, verlieren die Soldaten den Mut. Wie kann er hoffen, das Land zu retten und den Willen des Volkes zu stärken, wenn er als Führer solches tut? Ich wagte es, so zu ihm zu sprechen, weil ich seine Liebe zu seinem

Land kenne und weil er sich darauf beruft, ein Christ zu sein. Er dankte mir für meinen treuen Ratschlag und möchte später mit mir weiter darüber sprechen.»

Kurz darauf wurde das Entmächtigungsgesetz angenommen. Im Mai 1918 gab Sun Yat-sen seine Stellung auf und zog nach Schanghai.

Buchman feierte seinen vierzigsten Geburtstag in Japan. Als er in Nagasaki in den Zug stieg, fand er als Reisegefährten Sun Yat-sen. Er schrieb kurz darauf an Dr. Hsu: «Es war meine klare Führung gewesen, diesen Zug in Nagasaki zu besteigen. Dr. Sun fand heraus, daß ich im gleichen Zug war, und ließ mich holen. Wir hatten ein gutes Gespräch. Du hast ihm und China einen guten Dienst erwiesen. Es war mutig von Dir, so offen mit ihm zu sprechen.» In Kobe verließen sie den Zug. Sie verbrachten den Abend zusammen und frühstückten am folgenden Morgen gemeinsam. Dann nahmen sie Abschied und sahen sich nie wieder.

Buchman war für eine dritte Konferenz in Kuling nach China gekommen. Nun war die einmalige Gelegenheit, das, was ihn in Gedanken an Sun Yat-sen und China bewegte, in die Tat umzusetzen. So war es ganz natürlich, daß Dr. Chang, der Diplomat, und Dr. Hsu, der in Abwesenheit Sun Yat-sens praktisch der Ministerpräsident war, einen wichtigen Anteil an der Vorbereitung hatten. Hsu-Ch'ien berichtete Dr. Sun bei einem Besuch in Japan über diese Konferenz. Dr. Hsu schrieb im August an Buchman: «Unser Gespräch dauerte mehr als drei Stunden. Unser Konferenzthema ‹Christentum – die Rettung der Nation› sagte ihm zu. Er ist überzeugt, daß dies der einzige Weg zur Rettung Chinas sei. Er gab zu, er hätte

gegen das Siebente Gebot gesündigt und müsse vor Gott
Buße tun.»

Schon vor der Konferenz hatte Dr. Hsu im Hauptquartier Sun Yat-sens eine Gruppe von Männern versammelt,
«lauter Revolutionäre, in der Mehrzahl Nicht-Christen»,
aber alle an seiner Überzeugung interessiert, «daß der
christliche Glaube China und die Welt retten werde». Er
selber griff furchtlos die moralischen Schäden im nationalen Leben an: «Despotismus, Militarismus, Autarkie,
Opium, Alkohol, Fußverstümmelung der Frauen, Konkubinat und Sklaverei.» – «Wenn wir unser Land nicht
retten können, gibt es auch keine Rettung für die Welt.
Die Christen sind in unserem Lande wegen ihrer privaten
Sünden ohnmächtig.» An der Konferenz sagte Dr. Hsu:
«Frank Buchman hat die göttliche Vision, daß Menschen
wie ich zusammen mit Gott Seinen Willen im Land tun
sollen.»

Buchman ließ sich in der Vorbereitung dieser dritten
Kuling-Konferenz vor allem durch die Rücksicht auf
Dr. Hsu und seine Freunde leiten. «Es wird keine gewöhnliche Konferenz sein», schrieb er im voraus den
verantwortlichen Leitern, «Männer von Format wie
C.Y. Cheng und Hsu-Ch'ien, die glauben, daß Jesus
Christus die einzige Hoffnung für China ist, werden von
überall her kommen, und das Resultat wird sein, daß die
Chinesen selber ans Werk gehen, um China christlich zu
machen.»

Im Hinblick auf solche Gäste, die von weit herreisen
würden, setzte sich Buchman für eine angemessene Unterkunft und Verpflegung ein. «Warum sollten wir nicht
bequeme Stühle anschaffen? Die Gebäude sind zu kärg-

54

lich möbliert. An den letzten Konferenzen wurden wir von Bettwanzen geplagt. Mein Bett war voll von Falten. Wolken von Fliegen und gesprungenes Geschirr machen keinen einladenden Eindruck. – Wir werden die besten Leute, die wir gewinnen wollen, abschrecken, wenn wir nicht für alle diese Einzelheiten sorgen. Die nächste Folge wird Dysenterie sein. Um die Tische herum muß es gemütlich und sauber sein, eine Atmosphäre von Ruhe muß alles durchdringen. Viele werden müde von der Winterarbeit kommen.

Die Chinesen müssen genug zu essen bekommen. Wir brauchen ein feines Empfinden für Gastfreundschaft und Häuslichkeit. Man kann eine Konferenz nicht nach einem Schema organisieren.»

Alle diese Ansprüche störten den akademischen Seelenfrieden gewisser Stammgäste, deren Hauptsorge es war, ein festes Programm und wohldurchdachte Vorträge vorzubereiten. Ein untergründiger Widerstand gegen Buchman war im Entstehen. Er spürte es, ließ sich aber nicht stören. «Gott ist hier, ich weiß es, darum mache ich mir keine Sorgen.»

Die Konferenz begann anfangs August. Die Gebäude lagen in einem kühlen Hochtal oberhalb der stickig-heißen Ebene, fern vom Lärm der kleinen Stadt.

Als Gäste kamen Chinesen, die im öffentlichen Leben führende Stellungen innehatten: Dr. Hsu, der als Stellvertreter Sun Yat-sens die Regierungsgeschäfte führte, General Wu Te-chen, der später als Bürgermeister von Groß-Schanghai dem Angriff der Japaner widerstand, S.T. Wen vom Auswärtigen Amt und andere mehr.

Ihre Gegenwart zwang die Konferenzleitung, mehr an

moralische Verwirklichung als an akademische Belehrung zu denken. General Wu sagte eines Abends: «Was wir für China brauchen, ist ein Abraham Lincoln.» – «Vielleicht eine Menge von kleinen Lincolns», meinte Buchman. «Gewiß», stimmte der General zu, «ein Lincoln ist nicht genug, denn vom Präsidenten bis zum untersten Beamten herrscht Korruption und Schmutz, darum müssen wir für mehr Lincolns in China sorgen.» Dazu Hsu-Ch'ien: «Ich habe die Rettung der Nation auf dem Herzen. Darum nehme ich diese Konferenz sehr, sehr ernst. Aber die ausländischen Kirchenführer wissen nicht, wie sie China retten können.»

Buchman hatte in der Stille den klaren Gedanken bekommen: «Beginne die Konferenz mit einem Angriff auf die Sünde. Ein gründliches Reinemachen.» An einer der ersten Sitzungen sagte er klar heraus: «Das erste Jahr in China habe ich kaum die Oberfläche berührt. Letztes Jahr habe ich angefangen, die äußere Schicht aufzukratzen. Dieses Jahr wollen wir tiefer gehen. Ich fange erst an zu merken, wo die wahre Not ist.» Dann fing er an, den Gedanken zu entwickeln, daß das Christentum ein moralisches Rückgrat habe. Der direkte Weg zum modernen Menschen sei, ihn durch die absoluten Maßstäbe Christi – Ehrlichkeit, Reinheit, Selbstlosigkeit und Liebe – herauszufordern. Dann wurde Buchman noch deutlicher: «Als ich dieses Jahr nach China kam, sagte mir ein Mann, der ein wirklicher Seelenarzt ist: ‹Wo immer du hingehst, gib eine starke Dosis, um die Perversion zu heilen.› Ich sage dies, weil ich auf diesen Hügeln Beispiele von absorbierenden Freundschaften gesehen habe. Ich kann kein Urteil fällen. Ich kann nur sagen, daß sie ungesund sind, und ich muß die Worte dieses Mannes weitergeben, der mehr wußte als ich. Es ist ein großes Problem. Solche Beziehungen beginnen oft in der Schule und gehen dann durch das ganze Leben.»

Ein Entrüstungssturm brach bei diesen Worten aus. Einige Europäer wandten sich mit einem wütenden Protest an den Bischof von Hankow, Logan Roots. Andere versuchten, den Kurs zu ändern, und verlangten, um die Konferenz in stillere Gewässer zu lenken, das Wort «Sünde» dürfe nicht mehr erwähnt werden. Buchman steuerte ruhig den geraden Kurs durch die aufgeregten Wogen und ließ die Chinesen über die Folgen der Sünde im nationalen Leben reden. General Wu sprach von Korruption und Konkubinen und schloß mit den Worten: «Ich habe mich entschlossen, den Regierungsbeamten zu helfen, und so zu wirken, daß wir zusammen einen neuen Staat, eine neue Regierung, eine neue Armee aufbauen können. Wir Christen müssen unsere Kirche revolutionieren.»

An einem anderen Tag sprach Buchman von der «Sünde des Menschen, der Zustände ändern will und nicht entsprechend lebt, der an seinem Arbeitstisch sitzt, aber nicht in Kontakt mit den wirklichen Nöten steht». Viele, die sich persönlich angegriffen fühlten und tödlich beleidigt waren, stimmten in den allgemeinen Chor der Kritiker ein. Buchman erlebte zum erstenmal die zerstörenden Folgen einer Flüsterkampagne. Er fragte sich, ob er unbewußt von falschen Motiven getrieben worden sei. Es kam noch dazu, daß der Geldgeber, der die Konferenz finanziell getragen hatte, plötzlich jede Hilfe verweigerte. Um nicht von diesem Mann abhängig zu sein, beglich

Buchman die bisherigen Kosten aus seinem eigenen kleinen Bankkonto. «Ich bin bereit, ohne fremde Hilfe
weiterzuarbeiten», schrieb er, «ich weiß, was es heißt, von
Gebet und Glauben zu leben und auf keines Menschen
Gold und Silber angewiesen zu sein.» Buchman war sich
bewußt, wie stark die negativen Kräfte am Werke waren.
«Wann wird die christliche Kirche der Realität des
Römerbriefes, Kapitel 1, ins Gesicht schauen?» schrieb
er.

Sein Freund Sherry Day lag krank zu Bett. Buchman
fühlte sich so vereinsamt und entmutigt, daß er eines
Abends vor einem Teich stand und sich sagte, wie wohlig
es wäre, auf dessen Grund zu ruhen. Was ihn tröstete,
war, daß sich bei den Chinesen Änderungen merkbar
machten. Unrecht wurde auf persönlicher und nationaler
Ebene in Ordnung gebracht. Führende Persönlichkeiten
wurden freie Menschen, die es wagten, mit ihrem Glauben
offen hervorzutreten.

Aber hinter den Kulissen hatten sich die ausländischen
Gegner Buchmans verbündet, um sich seiner zu entledi-
gen. Bischof Roots, der später Primas der anglikanischen
Kirche Chinas und ein entschlossener Anhänger Buchmans wurde, ließ sich damals von den negativen Kräften
beeinflussen. Als er von dem Vorstandsmitglied, das für
die finanzielle Unterstützung der Konferenz verantwortlich war, einen ausführlichen Anklagebrief gegen Buchman bekam, telegraphierte er, man solle Buchman einen
Monat Ferien bezahlen und ihn heimschicken.

Während dieser schweren Zeit schrieb Buchman seinem
Freund Howard Walter: «Ich kann mit Paulus sagen:
‹Ein großes Tor hat sich mir aufgetan, aber es sind viele

Widersacher da.› Ich bin überzeugt, daß viel tiefere Gründe hinter der Opposition liegen, als wir ahnen. Wir sehen es nur dämmerhaft. Aber ich hoffe, daß wir es eines Tages in vollem Lichte sehen werden.»

Ungefähr sechs Jahre später, im Jahre 1924, trat die Wahrheit klar zutage. Der Mann, der für das Geld für die dritte Kuling-Konferenz verantwortlich gewesen war, eine führende christliche Persönlichkeit, wandte sich in großer Not an einen Freund Buchmans. Obgleich er verheiratet war, hatte er intime Beziehungen mit einheimischen Frauen gehabt und war darum der Erpressung derjenigen ausgeliefert gewesen, die sich Buchman vom Halse schaffen wollten. Die Geschichte kam Bischof Roots zu Ohren, der sein Verhalten bitter bereute. Später schrieb er Frank Buchman: «Du hast mir so viel zu verzeihen gehabt. Du hast von Anfang an klar gesehen.»

Unterdessen rollte die chinesische Tragödie ihrem Ende zu. Hsu-Ch'ien und seine Freunde sahen sich von dem Manne, der ihnen soviel Hilfe gegeben hatte, getrennt. Gleichzeitig trat in China eine Wendung gegen den christlichen Westen ein. Dr. Hsu blieb fest. Als er im Januar 1919 als Vertreter der Regierung von Kanton an der Pariser Friedenskonferenz war, schrieb er: «Ich trete für das ‹Christentum als die Rettung der Nation› als einziges Prinzip ein, und Dr. Sun Yat-sen geht damit völlig einig. Ich hoffe, die fremden Mächte werden sich nicht so sehr für die Militaristen des Nordens einsetzen. Ich bete, Gott möge China retten und die falsche Politik der Alliierten ändern.»

Doch kurz darauf erkannten die Alliierten die nordische Regierung an, was eine Explosion antiwestlichen Hasses hervorrief und China noch tiefer in die Wirren des Bürgerkrieges hineinzerrte.

Im Jahre 1923 sah sich Sun Yat-sen so verlassen, daß er die einzige Hand, die sich ihm bot, diejenige Sowjetrußlands, ergriff. Lenin sandte zwei seiner besten Männer: den Russen Michael Borodin und den deutschen General Blücher, der unter dem Namen Galen bekannt war. Suns Gegenleistung war, Tschiang Kai-schek nach Moskau zu schicken. Hsu-Ch'ien sah sich kaltgestellt und zog sich nach Kanton in seine Hochschultätigkeit zurück. Er war aber sofort bereit, mit Sun zusammenzuarbeiten, als Borodin beide einlud, gemeinsam mit ihm den Versuch zu unternehmen, «China für die demokratischen Kräfte zurückzugewinnen». Im gleichen Jahr 1924 sandte Dr. Hsu seinem alten Freund Frank Buchman eine Broschüre, welche die Ansicht, daß «eine moralische und geistige Kraft die einzige Hoffnung für China» sei, darlegte.

Der an Krebs erkrankte Sun Yat-sen arbeitete fieberhaft mit seinen letzten Kräften an den Vorlesungen, die sein geistiges Vermächtnis sein sollten. Als er starb, wurde auf Verlangen seiner Witwe eine christliche Totenfeier gehalten, an welcher Dr. Hsu die Trauerrede hielt. Die Presse veröffentlichte ein Bild mit dem Text: «Der Sprecher zeigt Dr. Sun als Nachfolger, als revolutionären Anhänger von Jesus Christus.»

Borodin hatte nun freie Hand. Die Revolution nahm ihren Lauf, doch ihr Antrieb war nicht das Christentum, sondern der Kommunismus.

Enttäuscht, daß es ihm nicht gelungen war, die christlichen Kräfte zu einigen, zog sich Dr. Hsu aus dem öffentlichen Leben zurück. Tschiang Kai-schek befestigte die

Stellung der Kuomintang, die 1924 die «Drei Volksleh-
ren» Sun Yat-sens zum Programm der Partei erklärte. Als
er sich 1927 mit dem Kommunismus überwarf, wurde
Borodin nach Moskau zurückgerufen. Er starb 1951 in
Sibirien als Opfer der Stalinschen Säuberungen. Tschiang
Kai-schek gelang es 1928 nach seinem Marsch nach
Norden und dem Einmarsch in Peking, China zu einigen.
Doch hatte Mao Tse-tung ihm auf seinem «Langen
Marsch» nach Jenan ausweichen können. Der Bürgerkrieg ging weiter. Unter der Militärdiktatur Tschiang Kai-
scheks versuchte die Kuomintang vergeblich, in die Korruption der oberen Schichten Ordnung zu bringen. Nach
der Großoffensive Mao Tse-tungs wurde 1949 die Volksre-
publik China ausgerufen, während Regierung und Armee
der Kuomintang nach Formosa flohen.

Als Frank Buchman nach dem Zusammenbruch der
Kuling-Konferenz zur Erholung in Japan weilte, erreichte
ihn die Botschaft, daß Howard Walter in Lahore unerwartet an Influenza gestorben sei. Für Buchman war das ein
schwerer Schlag.

«Er war eine leuchtende Seele, und der Reichtum seiner
Liebe und Freundschaft wird für immer andauern»,
schrieb Buchman der Witwe seines treuen Mitarbeiters.

Das kleine Buch *Soul Surgery* (Chirurgie der Seele) ist
ein erster Entwurf des größeren Werkes, das die zwei
Freunde zu schreiben gehofft hatten. Es ist das erste und
einzige zusammenhängende Buch, an das Frank Buchman
Hand angelegt hat. Sein besonderer Auftrag war mehr das
gesprochene als das geschriebene Wort.

Er war noch in Japan, als ihn der dringende Ruf seiner
Mutter erreichte. Der Vater war schwer erkrankt und

brauchte seine Hilfe. Im April 1919 fuhr er nach Hause. Die chinesische Tragödie war auch für ihn zu Ende.

Der Rücktritt

Die nächsten zwei Jahre stehen unter dem Zeichen der Unruhe, die nach der Erschütterung durch die chinesische Tragödie den großen Sprung nach vorn vorbereitete.

Nach Amerika zurückgekehrt, war Frank Buchmans erste Sorge, seiner Mutter, die sich bis zur Erschöpfung in der Pflege des Vaters ausgegeben hatte, eine Zeit der Erholung zu verschaffen. Er nahm den Vater mit nach Hartford, während die Mutter im stillen Haus von Allentown wieder langsam zu Kräften kam.

Kaum war er in seine Hochschultätigkeit zurückgekehrt, als eine der größten Versuchungen seines Lebens an ihn trat. John D. Rockefeller junior bot ihm Büroräume, einen Mitarbeiterstab und ausreichende Finanzen an, um seine Arbeit auf einen sicheren Boden zu stellen. Buchman wäre für sein ganzes Leben frei von materiellen Sorgen gewesen und hätte sich unbehindert seiner geistigen Tätigkeit widmen können. Es schien die große Möglichkeit zu sein, seine weltweite Erfahrung im amerikanischen Alltag zu verwurzeln. Doch Buchman verspürte eine innere Warnung. War er nicht in Gefahr, der Gefangene einer Institution zu werden? Auch hatte er in China erfahren, was es bedeutet, an einen Geldgeber gebunden zu sein.

Was ihn damals in Gedanken bewegte, zeigt ein Brief an John Mott über die Arbeit in Asien, wo er die radikale Umstellung von der Beeinflussung von vielen zur Tiefenwirkung bei wenigen forderte (a radical redirection from diffusion over many to penetration of a few). Frank Buchman hat später diese Erfahrung oft in einem Bild ausgedrückt: Es sei nicht gut, eine Augenmedizin vom zweiten Stock eines Krankenhauses über die Menge auf der Straße auszuschütten. John Mott stimmte ihm zu: «Der Drang geht heute in die Gegenrichtung. Man will große Dinge sehen, doch ist es notwendig, daß das, was wir haben, lebendiger (more vital) gemacht wird, bevor wir weitergehen.»

Einem andern Freund schrieb Buchman: «Ich gehe durch eine Zeit, in der Gott viel gibt, dazu auch das Gefühl, daß man sein Vertrauen nicht auf sterbliche Menschen setzen soll. Ich fühle meine eigene Not. In all diesen Angeboten für das nächste Jahr sehe ich ernste Gefahren. Mein Gedanke ist, daß ich warten muß. Wir müssen das Deck sauber halten und mit leichtem Gepäck reisen.»

Die Folge war, daß Buchman das Rockefellersche Angebot ablehnte. Damit verschlossen sich gewisse Geldquellen endgültig für ihn. Das Establishment hatte Buchman als unruhigen Geist erkannt, dem man nicht über den Weg trauen könne. Buchman aber hatte einen Schritt ins Ungewisse getan, dem bald andere folgen sollten.

Von Hartford aus begann er, andere Universitäten der Ostküste zu besuchen. Wo er hinkam, wurde er von hilfesuchenden jungen Leuten belagert. Oft fand er an Wochenenden nur sehr wenig Schlaf.

Es gehörte zu seiner Arbeitsweise, daß er immer Studenten der einen Universität in die andere mitnahm, was ihnen Gelegenheit gab, ihre Erfahrungen anderen weiterzugeben.

So plante er auch im Mai 1920, zwei Studenten der Yale-Universität auf eine Europareise mitzunehmen. In England traf er amerikanische Freunde, die ihm weitere Studenten mitgaben. Mit Frank Buchman zu reisen war nicht nur eine Charakterschulung, sondern auch die Gelegenheit, tiefe Einsichten in die Kultur und Geschichte des Gastlandes zu gewinnen. Das wertvollste aber waren die persönlichen Begegnungen, die sich wie von selbst überall ergaben. In Luzern traf die Reisegesellschaft im Hotel «National» König Konstantin und Königin Sophie von Griechenland mit ihrer Familie, die dort in der Verbannung lebten. Ihr Vetter, Prinz Richard von Hessen, war bei ihnen auf Besuch, zusammen mit seiner Mutter, der Landgräfin Margarethe von Hessen, Tochter des Kaisers Friedrich und der Kaiserin Viktoria, die ihrerseits die Tochter der Königin Viktoria von England war. Prinz Richard erinnerte sich noch oft an diese erste Begegnung. Aus einem verarmten und gedemütigten Deutschland kommend, fühlte er sich zugleich angezogen und abgestoßen von diesem luxuriösen Milieu, wo man in bunter

Menge einen indischen Maharadscha, einen internationalen Finanzkönig mit einer attraktiven jungen Frau, einen italienischen Aristokraten, reiche Amerikaner, ein französisches Tänzerpaar und mysteriöse Gestalten durcheinanderwogen sah. Um so erfrischender wirkte Frank Buchman mit seinem offenen Wesen und dröhnenden Lachen.

Als Buchman mit seinen Reisegefährten in Rom war, erreichte ihn die Nachricht vom Tode seines Adoptivbruders Daniel. Daniel, Sohn von Frank Buchmans Onkel, Dr. Daniel Buchman, war nach dem Tode seines Vaters von Buchmans Eltern adoptiert worden. Er war achtzehn Jahre jünger als Frank Buchman, von gewinnendem Aussehen, aber ohne Charakterstärke. «Ich habe überhaupt keinen Ehrgeiz», schrieb er seinem Bruder, «nur die Lust zu wandern, dies und das nach Belieben zu tun, ein Hans-Dampf-in-allen-Gassen zu sein, an niemanden gebunden. Ich träume den lieben langen Tag und baue Luftschlösser. Ich möchte große Dinge tun, und am Ende kommt nichts dabei heraus.» Frank Buchman, der ihn liebte und sich sehr um ihn bekümmerte, hatte Mühe, ihn durch eine Schule und dann durch eine Lehre zu bringen. Wo immer auf der Welt er war, schrieb er ihm, um ihm Mut zu machen. Von China aus kam ein Brief: «Gestern saß ich am Strand und lauschte dem Rauschen der Wellen. Meine Gedanken gingen in inniger Zuneigung zu Dir. Jeder Knochen in Dir ist kostbar, und wir sind alle stolz auf Dich.»

Dan war 1917 freiwillig zur Armee gegangen und hatte sich im Dienst eine tuberkulöse Infektion zugezogen. Nach der Demobilisierung schrieb er an seinen Bruder Frank: «Ich verlasse die Staaten als ein entmutigter und kranker Mann. Es war mir nicht bewußt, daß das Geld, das Du mir letzten Sommer gabst, Deine letzte Reserve war. Ich möchte es gerne zurückzahlen, darum ziehe ich aus. Es gibt Verdienstmöglichkeiten in andern Ländern. Ich will Geld verdienen, um Dir meine Dankbarkeit zeigen zu können.» Er fand Anstellung bei der Handelsmarine, und nach mehreren Europareisen erlag er – auf Urlaub in Paris – einem schweren Anfall seiner Krankheit.

Frank Buchman kam eilends von Rom zur Beerdigung nach Paris. Am Tag der Trauerfeier bekam Buchman ein Telegramm von Prinz Paul von Griechenland, der ihn bat, zu Anfang des Wintersemesters mit ihm nach Amerika zu reisen. Während Buchman in England auf ihn wartete, wurde die königliche Familie durch ein Plebiszit des Volkes nach Griechenland zurückgerufen.

Buchman benutzte seinen Aufenthalt in England, um das Ersuchen jenes Bischofs in Indien zu erfüllen, seinen Sohn und den eines Kollegen in Cambridge aufzusuchen. Er hatte keine Ahnung, wohin ihn dieser Besuch führen würde. Zunächst bekam er soviel zu tun, daß er um Verlängerung seines Urlaubs nachsuchen mußte und die Gastfreundschaft des Westminster College angeboten bekam. Wie an den amerikanischen Universitäten, blühte auch hier ein neues Geistesleben auf durch Studenten, die sich nach einer Begegnung mit Buchman unter Gottes Führung stellten.

Im Dezember kehrte Buchman nach Hartford zurück, wo er mit seinen Eltern Weihnachten feierte. Sein Plan war, Studenten, die er in England getroffen hatte, nach Amerika einzuladen und mit ihnen für das Sommersemester nach Cambridge zurückzukehren. Rektor Mackenzie war einverstanden; er tat alles, um den beweglichen Professor in Hartford festzuhalten.

Im März starb Frank Buchmans Vater. Nachdem er seine Mutter der Obhut von Freunden anvertraut hatte, war Buchman zum ersten Mal frei von Verpflichtungen gegenüber der Familie, die er so treu umsorgt hatte. Es ergab sich, daß die Militärversicherung seines Bruders Daniel auf ihn übertragen wurde, so daß die fünfzig Dollar pro Monat in den folgenden zwanzig Jahren das einzig sichere Einkommen waren, mit dem er rechnen konnte.

Im Frühling 1921 kehrte Buchman für das Sommersemester nach Cambridge zurück. Wenige Tage darauf fand das Ereignis statt, das seinem Leben die entscheidende Wendung gab.

Eines späten Abends fuhr er mit dem Rad vom nahegelegenen Petty Cury nach Westminster College zurück. Er hatte den Abend im Gespräch mit Studenten verbracht, die als Veteranen aus dem Kriege ins Privatleben zurückgekehrt waren. Er fühlte in sich die Unruhe, die ihn immer wieder in dieser Übergangszeit befallen hatte. Er fragte sich, ob die Arbeit, die er bisher im Rahmen kirchlicher und akademischer Organisationen getan hatte, der verwirrten Lage nach dem Kriege angemessen war und ob sie einer zynisch und haltlos gewordenen Generation den Glauben geben konnte, aus welchem eine neue Gesellschaftsordnung entstehen würde. Plötzlich überfiel ihn ein Gedanke mit solcher Gewalt, daß sein Rad ins Schleudern kam und er beinahe gestürzt wäre. «Ich will dich gebrauchen, um die Welt wieder aufzubauen.»

Immer wieder hörte er denselben Anruf. Er erschrak derart, daß er zu Hause ihn nicht niederzuschreiben wagte. Auch als er in den folgenden Tagen die gleiche Aufforderung hörte, war er nicht imstande, sie seinen Freunden weiterzusagen.

Er wußte, was sie bedeutete. Was er in China als seine Aufgabe erkannt hatte, zusammen mit seinen Freunden die Macht des Glaubens zur rettenden Kraft der Nation werden zu lassen, sollte nun für die ganze Welt gelten. Er wußte, daß ein solches Unternehmen über menschliches Vermögen hinausgeht, aber in seinem Herzen sagte er ja.

Wenige Wochen später war er in Oxford, wo er Loudon Hamilton und seine Freunde traf. Es war der Anfang der Bewegung, die schließlich «den Erdkreis erregte».

Buchman war für ein Wochenende nach Oxford gekommen und war auf der Suche nach einem Freund aus Princeton, Alex Barton. Er klopfte an einer Eichentüre im Christ Church College und störte einen Studenten auf, der später als Sir George Lloyd-Jacob Richter im Obersten Gerichtshof saß. George hatte die Abwesenheit eines lärmenden, klavierspielenden Nachbarn zu konzentriertem Arbeiten benutzen wollen und war ungehalten, als die Stille durch einen Mann mittleren Alters unterbrochen wurde, der seinen Namen und den seines Freundes nannte und im Gespräch über amerikanische Studenten bemerkte: «Dort drüben haben wir eine Generation, die den Halt und die Richtung verloren hat. Wenn es hier auch solche gibt, so könnte ihnen geholfen werden.» Der Student meinte, sein klavierspielender Nachbar Loudon Hamilton könnte solche Hilfe nötig haben und war froh, als der Eindringling die Türe hinter sich schloß.

Draußen traf Buchman den gesuchten Freund in Beglei-
tung eines großen, breitschultrigen Studenten, der ihm
unter dem Namen Loudon Hamilton vorgestellt wurde.
Dieser lud ihn aus Verlegenheit zur Sitzung der Philoso-
phischen Gesellschaft, «Ochs- und Bier-Klub» genannt,
ein, die am gleichen Abend stattfand. Wie in Cambridge
traf Buchman auch hier wieder die Mischung von skepti-
schen Kriegsveteranen, zu denen Loudon Hamilton als
früherer Hauptmann gehörte, und jungen aufmuckenden
Oxfordern, die den Krieg nicht mitgemacht hatten. Die
Diskussion war dementsprechend wortreich und verwor-
ren. «Wir hörten nicht auf zu sprechen, wenn wir nichts
mehr zu sagen hatten», berichtete später Loudon Hamilton. Als man schließlich anstandshalber dem amerikanischen Gast das Wort erteilte, gab er zu verstehen, er sei
mit allem einverstanden, was gesagt worden sei, vor allem
aber mit der allgemeinen Überzeugung, daß etwas in der
Welt geändert werden müsse. Er erzählte dann von den
Studenten in Cambridge, die mit der Änderung bei sich
selber angefangen hatten. Da man in Oxford sehr dafür
war, daß Studenten in Cambridge sich ändern müßten,
und Buchmans unkonventionelle Ausdrucksweise ange-
nehm aufgefallen war, löste sich die Versammlung in
Wohlgefallen auf.

Loudon Hamilton war erstaunt, daß sein Zimmerkamerad, ein rothaariger Zyniker, ihm vorschlug, Buchman
zum Frühstück einzuladen. Da er nicht anders konnte,
stimmte er zu, bestellte aber eine reichliche Mahlzeit, um
Buchman nicht zuviel Gelegenheit zum Reden zu lassen.
Das Frühstück verlief zuerst im üblichen Rahmen. Man
sprach über Sport, Examen, das Wetter. Aber plötzlich

änderte sich der Ton, als Buchman anfing, von China zu reden. Er erzählte eine Geschichte von einer Höheren Töchterschule in Hongkong, deren Vorsteherin sich bei Buchman über ein diebisches Mädchen beklagt hatte. «Wann haben Sie zuletzt gestohlen?» war Buchmans unerwartete Frage. «Ich erinnere mich», sagte die Vorsteherin, «daß ich als junges Mädchen Geld vom Pult meines Vaters an mich nahm.» – «Warum das nicht dem Mädchen erzählen?» meinte Buchman. Sie tat es, und die Wirkung in der Schule war derart, daß die Geschichte weite Wellen schlug.

Auf Buchmans Erzählung trat längeres Schweigen ein. Zu Hamiltons Verblüffung sagte Sandy, der rothaarige Zimmerkamerad, unvermittelt: «Ich bin in Geldsachen nicht immer ehrlich.» Das gab Hamilton einen Stich, denn es fiel ihm ein, daß er kürzlich einen Studentenball besucht habe, ohne Eintritt zu bezahlen. Er fragte sich, als das Frühstück zu Ende ging, von wem er das Geld borgen könnte, um seine Schuld zu begleichen.

In den folgenden Tagen erfuhr Hamilton zu seinem Erstaunen, wie viele von Frank Buchmans Gegenwart am Diskussionsabend beeindruckt waren. Er wurde von Studenten, die ihm völlig fremd waren, aufgesucht, die wissen wollten, wer Buchman sei, wo und wie man ihn treffen könne. So war es ganz natürlich, daß Hamilton ihn für ein zweites Wochenende einlud. Diesmal kam Buchman mit drei Studenten von Cambridge. Unter den vielen, die bei diesem zweiten Besuch Buchman begegneten, war einer der hervorragendsten Studenten von Oxford, ein militanter Freidenker. Er pflegte an Sonntagnachmittagen eine Versammlung zu veranstalten, wo nach dem Referat

eines Theologen eine Diskussion über den Glauben stattfand, die er so einzurichten wußte, daß sich in einer
Schlußabstimmung eine Mehrheit für Atheismus ergab.
Als dieser junge Mann hörte, Buchman sei in Oxford
und glaube an den Heiligen Geist, lud er ihn zum Kaffee
in seine Bude ein, um ihn von seinen altmodischen Ideen
zu befreien. Es kam aber nicht zu einer der üblichen
Diskussionen. Buchman hörte sich eine Stunde lang die
Argumente des Atheisten an und begnügte sich, von Zeit
zu Zeit ein «Ach ja?» – «Was Sie nicht sagen!» –
«Wirklich?» einzuflechten.

Plötzlich sagte der Student: «Wollen Sie mir nicht
sagen, was Sie von mir denken?» Buchman schaute ihm
in die Augen und erwiderte: «Sie wollen doch nicht, daß
ich mit Ihnen ganz offen bin?» Als der Student auf seiner
Bitte beharrte, sagte Buchman: «Erstens sind Sie innerlich gespalten und im Konflikt mit sich selbst.» Der
Student stimmte zu. Buchman fuhr fort: «Sie haben ein
unglückliches Zuhause.» Wieder nickte der Student zu-
stimmend. Er brauche Hilfe bei moralischen Problemen,
fügte Buchman hinzu. Diesmal widersprach der Student,
er habe sich völlig in der Hand.

Die Uhr schlug Mitternacht. Buchman stand auf – er
müsse gehen.

Der Student: «Nein, gehen Sie nicht.»

Buchman: «Ich bleibe unter einer Bedingung, daß Sie
und ich einen Augenblick auf Gott hören.»

Der Atheist gab eine unerwartete Antwort: «Ich kann
das nicht tun. Ich habe Sie vorhin angelogen.»

Dann kam die ganze Wahrheit heraus. Sie beendeten
das Gespräch auf den Knien. Am folgenden Tag tat der

Student zweierlei. Er schrieb seinem Vater einen Entschuldigungsbrief, der «zu Hause Jahre von Bitterkeit heilte». Dann nahm er seine Dissertation unter den Arm und ging zu seinem Professor. Er hatte eine Philosophie für das Nachkriegs-England auf atheistischer Grundlage entworfen. Der Professor, der eine hohe Meinung von der Begabung des Studenten hatte, war erstaunt, als dieser die unvollendete Dissertation auf den Tisch legte und sagte: «Wir müssen sie in den Papierkorb werfen.»

Der Professor fragte: «Warum?»

Worauf der junge Mann erwiderte: «Wir waren darauf aus, die höchste Wahrheit zu finden. Die höchste Wahrheit ist, daß Gott für mich real geworden ist.»

Aus diesem zweiten Besuch Buchmans in Oxford entsprang unter den Studenten der Gedanke, in den folgenden Ferien ein Wochenende in Cambridge zu veranstalten. Dieses Treffen wurde für Loudon Hamilton und viele andere zum Meilenstein ihres Lebens.

Als Buchman im Herbst wieder nach Amerika zurückkehrte, wußte er noch nicht, was er alles in Bewegung gebracht hatte. Aber in ihm selber war die Unruhe bohrend geworden. An einem Herbstmorgen schrieb er während einer Zeit der Besinnung: «Du mußt von Hartford zurücktreten. Sorge dich nicht um die finanziellen Folgen. Ein umgewandeltes Leben ist die beste Selbstsicherung. Du mußt ein Experiment machen. Wage es, allein ins Offene hinauszutreten.»

Es war noch nicht so weit. Buchman hatte an seine Vorlesungen in Hartford zu denken. Aber im Dezember kam die Einladung eines englischen Offiziers, Brigadier David Forster, eines Delegierten an der Abrüstungskonferenz in Washington. Er wollte Buchman mit dreißig seiner Kollegen zusammenbringen. Im Nachtzug nach Washington konnte Buchman nicht schlafen. Er hörte im pochenden Rhythmus der Räder ununterbrochen das Wort: «Rücktritt, Rücktritt, Rücktritt (resign, resign, resign).» Was sich schon lange vorbereitet hatte, war jetzt ein klarer Befehl geworden.

Als er seiner Mutter seinen Entschluß mitteilte, war sie entsetzt. «Mach Dir keine Sorgen», schrieb er ihr. «Sorge kann tödlich sein. Ich fühle einen Frieden, der höher ist als alle Vernunft. Das Beste steht uns noch bevor. (The best is yet to be.)»

Dieses Vertrauen in die Zukunft wurde ein Grundklang von Frank Buchmans Leben. Er fühlte keine Unruhe mehr.

Rektor Mackenzie tat alles, um Buchman von seinem Entschluß abzubringen. Aber Buchman blieb fest. Nach Semesterschluß im März 1922 nahm er das erste Schiff nach England. Freunde hatten die Fahrkarte für ihn bezahlt.

74

Als Loudon Hamilton von jenem entscheidenden Wochenende in Cambridge nach Oxford zurückkam, fingen er und einige Freunde an sich zu fragen, was die offensichtlichen Änderungen in ihrem Leben zu bedeuten hätten. Im neuen Semester kam eines Abends eine Gruppe von sechs Männern zusammen. Als sie einige Tage später sechs neue einluden, kamen deren vierundvierzig. So viele Studenten fanden eine neue Richtung für ihr Leben, daß einer der einflußreichsten Professoren von «einer neuen Erleuchtung dieser alten Universität» sprechen konnte.

Die zunehmende Zahl solcher Änderungen in Menschen machte Oxford in den zehn folgenden Jahren zum Zentrum von Frank Buchmans Wirksamkeit. Anfangs der dreißiger Jahre waren es schon Hunderte, die jeden Tag zusammenkamen, um Erfahrungen und Pläne auszutauschen. Der vielgelesene Journalist Harold Begbie, der an der Küste von Dorset wohnte, traf oft einen Invaliden der Royal Air Force. Der junge Offizier litt schwer an seiner Verkrüppelung. Doch eines Tages fiel er durch sein vergnügtes Gesicht und seinen aufrechten Gang auf. Begbie fragte ihn, was passiert sei. «Ich bin einem Mann namens Buchman begegnet.» Der Journalist nahm sich Zeit, um Buchman und seine Freunde kennenzulernen. Er schrieb darüber sein Buch *Life Changers,* in welchem Frank Buchman unter den Initialen F.B. erscheint. Er beschreibt ihn als einen jugendlich aussehenden Mann mittleren Alters, der sich durch sein gepflegtes und frisches Äußeres als der typische Amerikaner erkennen lasse. «In Haltung und Bewegung zeichnet er sich durch nie versagende Geistesgegenwart aus. Nie läßt er sich gehen, nie macht er schlapp. Man sieht ihn schon am frühen Morgen mit dem gleichen quicklebendigen Blick und athletisch aufgerichtetem Körper, so daß eine frische Brise in den Frühstücksraum weht. Von seinem ruhigen und gelassenen Wesen geht, wie nur selten bei einem Menschen, ein Hauch von ansteckendem Wohlbefinden aus...

Ich bin versucht zu glauben, daß wenn Mr. Pickwick (der bekannte Romanheld von Charles Dickens) einen Sohn gehabt hätte, der als Junge nach Amerika ausgewandert wäre, dieser jenem liebenswürdigen und gütigen Seelenchirurgen geglichen hätte...

Fast im geheimen ist in den letzten Jahren unter den Studenten mancher Universität eine Arbeit getan worden, die das Werk eines einzelnen Mannes ist. Seine Begabung liegt, wie ich glaube, darin, daß er sich mit einer unermüdlichen Bemühung um den einzelnen kümmert. Für ihn ist der Einzelmensch mehr als die Masse, der Teil unendlich größer als das Ganze. Darum vermeidet er spektakuläre Propaganda und denkt keinen Augenblick daran, seine Erfolge an Statistiken zu messen.»

Was aber Frank Buchman in jenen anfänglichen Zeiten seiner Arbeit dachte, geht aus einer Notiz hervor, die er eines Morgens früh im Mai 1924 aufschrieb: «Gehe um die Welt. Nimm eine apostolische Gruppe mit. Der Ein-Mann-Betrieb ist ein falsches Prinzip. Was uns bevorsteht, ist ein Zusammenbruch der Zivilisation. Wir leben in einem egoistischen, sex-besessenen Zeitalter. Was tut's, ob andere Zeiten besser oder schlimmer waren, wir haben mit der Welt von heute zu tun. Sünde ist anziehend geworden. Das Gute muß anziehend und interessant gemacht werden. Deine jungen Männer müssen die Propheten eines neuen Zeitalters sein.»

Wie Franz von Assisi und Ignatius von Loyola wollte Frank Buchman eine militante Kernmannschaft mit sich von Land zu Land führen und so aus dem traditionellen Rahmen christlicher Institutionen ausbrechen, um die erstarrte Kirche auf neuen Bahnen in Bewegung zu bringen.

Für diese erste Expedition wählte er sechs Männer: Sherry Day von der Universität Yale, der mit ihm in China gewesen war, Loudon Hamilton und Eustace Wade aus Oxford sowie Godfrey Webb aus Cambridge, der auf dem Weg nach Indien war, Sam Shoemaker von Princeton, den er in China getroffen hatte, und Van Dusen Rickert aus Princeton, der als Buchmans Sekretär tätig war.

Am 9. Juni 1924 nahm Buchman in New York Abschied von seiner Mutter. Sie dankte ihm, daß er sie hatte kommen lassen: «Gott wird für uns sorgen. Alle sagen, du hättest ihnen so viel geholfen. Ich werde versuchen tapfer zu sein. Leb wohl, ich hoffe, dich irgendwo, irgendwann wiederzusehen.» Es war die letzte Begegnung.

Auch in Oxford nahm Buchman Abschied von seinen Freunden. Im «Brown's Hotel», das Buchmans ständiger Wohnsitz in London werden sollte, traf er König Georg und Königin Elisabeth von Griechenland, die wieder in der Verbannung lebten. Er begegnete auch Rudyard Kipling und dem Dichter Siegfried Sassoon, der ihm schrieb: «Mein Instinkt sagt mir, daß Ihr Erfolg auf Einfachheit beruht. Ich fange an zu lernen, daß Einfachheit wichtiger ist als irgend etwas anderes. Vertrauen zum Leben ist, was unserer gedanklich verworrenen Generation fehlt. Glauben ist für mich dasselbe wie Einfachheit. Wunder können daraus erwachsen.»

Die kleine Mannschaft traf sich in der Türkei. Buchman hatte einen Zwischenhalt in Bukarest gemacht, wo er auf den dringenden Wunsch der Königin Sophie von Griechenland deren Tochter, die Prinzessin Helene von Rumänien, Gemahlin von Kronprinz Carol, besuchte. In der Kinderstube nahm Frank Buchman mit ihrem Sohn Prinz Michael den Tee ein.

Von der Türkei aus reiste die sechsköpfige Gruppe mit Buchman ins Heilige Land und dann nach Indien. Es war keine leichte Schule für die jungen Männer, mit Menschen so verschiedener Herkunft und Geistesart in Berührung zu kommen. Noch schwieriger war es, untereinander wahre Einigkeit zu finden. Schon die kleinen Dinge des Alltags – eine ausgeliehene Füllfeder, das Zusammenleben im gleichen Zimmer, die Pünktlichkeit beim Essen und bei der Abfahrt, die Disziplin der Hygiene in tropischen Ländern usw. – gaben Anlaß zu Reibereien und oft bitterer Auseinandersetzungen. «Ihr könnt im Heiligen Land und zugleich in der Hölle sein», bemerkte einst Buchman. Er mußte immer wieder daran erinnern, daß man den Eigenwillen eines Staatsmannes nicht überwinden könne, wenn man nicht den Sieg über seinen eigenen gewonnen habe.

In Indien war der Befreiungskampf in vollem Gange. An seiner Spitze standen Mahatma Gandhi und seine

78

Mitkämpfer Rajagopalachari, Mohammed Ali, Pandit Nehru. Buchman traf sie oft. Er gab Nehru Begbies *Life Changers*. Buchman war immer mit soviel Leuten in Kontakt, daß sein Sekretär Rickert kaum der Fülle der Korrespondenz Herr wurde. Wie er mit schwierigen Leuten Freundschaft schloß, zeigt die Begegnung mit dem schottischen Geschäftsmann George Kenneth in Madras. Buchman suchte ihn in seinem Büro auf. «Ich bin beschäftigt», sagte Kenneth. «Ich auch», erwiderte Buchman. «Hier ist etwas zum Lesen für Sie.» Er legte Begbies *Life Changers* samt seiner Adresse auf den Tisch und verließ den Raum. Am nächsten Tag rief ihn Kenneth an: «Ich habe Ihr Buch gelesen. Was kann ich für Sie tun? Mein Wagen steht zu Ihrer Verfügung. Ich auch. Für Sie habe ich immer Zeit.»

Der Gouverneur von Madras, Lord Goshen, war erstaunt über die Änderung seines Freundes Kenneth, der als der stärkste Trinker des Klubs bekannt war. Er gab Buchman Empfehlungsschreiben an die Gouverneure von Bengalen und Bombay. Kenneth seinerseits rief seine zwölf indischen Mitarbeiter zu sich. «Von jetzt an», sagte er ihnen, «werden wir anders zusammenarbeiten. Ich habe euch wie Hunde behandelt, und ihr habt eure Arbeit aus Furcht vor mir getan. Ich möchte, daß ihr mir helft, unser Geschäft auf eine völlig neue Basis zu stellen.»

Zu einer Zeit, da sich die Kluft zwischen Indern und Engländern immer mehr vertiefte, erregte die Wirkung von Frank Buchmans Arbeit Aufsehen im ganzen Land.

Buchman hatte oft Gelegenheit, mit Gandhi zusammenzutreffen. Sie pflegten dem Strand entlang zu gehen. «Es war mir, wie wenn ich mit Aristoteles gewandelt wäre», sagte Buchman. Bei einem Mittagessen beim Vizekönig Lord Reading in Delhi kam das Gespräch auf die Gebrüder Ali, denen Buchman persönlich begegnet war. «Diese Schlingel», sagte der Vizekönig, «ich mußte sie ins Gefängnis stecken. Was hätten Sie an meiner Stelle mit ihnen getan?» – «Genau das, was Sie mit mir getan haben», so Buchman: «sie als Ehrengäste eingeladen und mit ihnen Bekanntschaft geschlossen.» Lord Reading tat es, und er war der erste, der empfahl, die Ali-Brüder an die Konferenz am runden Tisch in London einzuladen.

Lord Lytton lud Frank Buchman zu seiner Inauguration zum Regierenden Vizekönig ein. Er sagte später, Frank Buchman sei einer der drei Amerikaner gewesen, die ihm am meisten geholfen hätten: «Er lehrte mich, wie man mit dem Mann auf der Straße redet.»

Buchman hatte es nicht immer leicht, seine Mannschaft zusammenzuhalten. Loudon Hamilton erkrankte und mußte frühzeitig zurück. Auch Rickert hielt die Strapazen nicht aus, er reiste mit Hamilton nach England. Ein anderer Mitarbeiter hatte das Angebot bekommen, eine einflußreiche Pfarrgemeinde in Amerika zu übernehmen. Monatelang war er unschlüssig. Buchman, der seinen Freund durchschaute, sagte ihm schriftlich seine Meinung: «Du bist in Gefahr, halbgebacken davonzulaufen und der Sache, die Dir am Herzen liegt, Schaden zuzufügen. Ich habe immer versucht, Dir Deinen eigenen Stil unverkrampft zu lassen. Aber was Du brauchst, ist das Unscheinbare, nicht das Spektakuläre (the drab not the dramatic).» Hier zeigt sich wieder Frank Buchmans Grundmotiv: Nicht auf das Außergewöhnliche auszugehen, sondern im Gewöhnlichen das Ungewöhnliche zu finden.

«Wenn es Deine Führung ist, anderswohin zu gehen, und Deine Überzeugung nach Besprechung mit allen andern von der meinigen abweicht, dann geh, und Gott wird Dich über alle Maßen segnen.»

Frank Buchman war sich der Fehler seiner Gruppe – vor allem anfangs – sehr bewußt: «Wir waren eine schwierige Bande, und ich erröte noch in diesen späteren Jahren über unsere jugendliche Arroganz. Toleranz und Demut waren Tugenden, die wir noch zu erlernen hatten. Heute staune ich über Gottes Geduld und Großmut.»

Dem ist aber auch entgegenzuhalten, was Gandhi über Buchman und seine Mitarbeiter sagte: «Ich habe bemerkt, daß das Herz der Engländer, die nach Indien kommen, meistens warm ist, aber je länger sie bleiben, um so kälter wird es. Bei diesen Leuten dagegen wird das Herz um so wärmer, je länger sie unter uns weilen.»

Die Erfahrungen, die Buchman auf dieser indischen Expedition machte, sind in einer Notiz zusammengefaßt, die er eines Morgens niederschrieb: «Eine neue Sprache (a new approach) ist nötig, um die tödliche Erstarrung dieser heutigen Welt zu überwinden. Die größten Feinde der Christenheit sind die Namenchristen. Die Apostel waren der Welt ein Ärgernis. Das anerkannte Christentum ist es nicht.

Was für eine glorreiche Vision – eine Gruppe junger Männer, die Gott in ihrem Leben verherrlichen und sich in Wohnhäusern treffen wie die Christen des ersten Jahrhunderts. Seelenerweckend, geisterregend, patriotisch. Der lebendige Christus, nicht in jeder Stunde, sondern in jeder Minute des Tages. Es ist ein Unterschied zwischen der Autorität des Geistes und einem autoritären Geist. Christus lernte durch das, was er litt. Auch Gandhi lernt durch Leiden. Empfänglichkeit ist ein Zeichen der Größe.»

Als Frank Buchman in Lahore das Grab Howard Walters aufsuchte, bekam er verspätet die Nachricht, daß sich seine Mutter bei einem Fall das Hüftbein gebrochen habe. Noch später hörte er auf Umwegen, daß sie gestorben sei. Aber er war darauf vorbereitet. Als er mit der Bahn in den Süden fuhr, sah er in der gleichen Nacht den Wagen mit Licht überflutet. «Wenn Sie je an der Ewigkeit zweifeln», schrieb er später einem Freund, der in Not war, «und manchmal ist es schwer, daran zu glauben, so erinnern Sie sich daran, daß Gott in Indien einen Eisenbahnwagen für mich hell erleuchtete und meinen Glauben stärkte.»

Er war nun allein mit Sherry Day. Er fuhr mit ihm nach Australien in der Hoffnung, über China nach Hause zurückkehren zu können. Doch die chaotischen Nachrichten von dort hielten ihn zurück. Da rief ihn ein Brief der Königinmutter Sophie von Griechenland nach Rom, wo Familienschwierigkeiten seinen Beistand erforderten. Er traf bei dieser Gelegenheit Mussolini. «Er ist ein Poseur», war Buchmans kurzer Kommentar.

Nach Amerika zurückgekehrt, nahm er in Allentown an der Erinnerungsfeier zum Tode seiner Mutter teil. Eine Freundin schrieb über den großen Einfluß, den sie auf ihren Sohn hatte: «Wenn Frank auf Reisen war, fühlte sie sich oft allein, aber sie beklagte sich nie. Sie sagte einfach, daß Frank die Arbeit tun müsse, zu der er berufen sei. Sie empfand ihre Einsamkeit nicht als ein zu großes Opfer im Hinblick auf das Gute, das Frank tat. Sie hatte einen stärkeren Charakter als der Vater. Sie war streng aber grundgütig und gastfreundlich. Sie ließ jeden Gast, der in ihr Haus eintrat, fühlen, daß er ihr eine Ehre erwies, und behandelte ihn als königliche Seele, wie Frank es auch tat. Wenn es nötig war, sagte sie unverblümt ihre Meinung und traf ins Schwarze.» Aus Anlaß seines Besuches in Allentown verlieh das Mühlenberg-College seinem ehemaligen Studenten ehrenhalber den Titel eines Doktors.

Mit Indien war Frank Buchman wieder in Berührung, als er auf Einladung von Erzbischof Soederbloem nach Genf kam und Pandit Nehru traf. Dieser Mitkämpfer Gandhis erklärte ihm: «Ich habe *Life Changers* mit großem Interesse gelesen. Schon damals zweifelte ich an der Möglichkeit plötzlicher Änderung im Leben von einzelnen Menschen. Was ich aber völlig anerkenne, ist der Wert der absoluten Ehrlichkeit. Doch irgendwie fühle ich mich von der Idee des Glaubens nicht sehr angesprochen. Wie Sie vielleicht wissen, wird in Indien gesagt, es gäbe drei Wege, um zur Wirklichkeit zu gelangen: der *gyana marg,* der Weg der Weisheit; der *karma marg,* der Weg der Tat und der *bhakti marg,* der Weg des Glaubens. Es wäre vermessen von mir zu sagen, daß ich überhaupt versuche, einen dieser drei Wege zu gehen. Wie die meisten von uns lasse ich mich durchs Leben treiben. Doch muß ich sagen, daß der *bhakti marg,* der Weg des Glaubens, nicht mit meiner gegenwärtigen Geisteshaltung übereinstimmt. Das ist so trotz der Tatsache, daß Mr. Gandhi, den ich sehr verehre, den größten Nachdruck auf den Glauben legt. Vielleicht sind meine frühe wissenschaftliche Schulung und die weitverbreitete Respektlosigkeit der modernen Zeit daran schuld...»

Frank Buchman war noch in Genf, als er vernahm, daß an der Universität Princeton ein Sturm gegen ihn losgebrochen war. Er schrieb sofort zurück: «Ich glaube, das wirksamste ist jetzt, genug geistige Wunder aufzuweisen, daß man dem, was geschieht, nicht widersprechen kann. Es werden immer vulkanische Reaktionen stattfinden. Ich begreife das jeden Tag besser. Man wird über uns immer Lügen verbreiten, aber gleichzeitig wird es eine wachsende Zahl von Menschen geben, die zur Einsicht in die Macht des Evangeliums kommen werden.»

Als er sich noch überlegte, wann der beste Moment sei, um seinen Freunden im Kampf beizustehen, lud ihn ein Telegramm der Königin Marie von Rumänien ein, mit ihr und ihrer Familie nach Amerika zu fahren. Eines Abends gab die Monarchin auf dem Schiff ein offizielles Essen zu Frank Buchmans Ehren. Ein Journalist, der sich eingeschlichen hatte, kabelte einen Bericht mit Buchmans Namen nach New York. Als sie am 18. Oktober 1926 ankamen, war ein «heißer» Empfang für Frank Buchman bereit.

Die Universität Princeton war von Glaubensmännern gegründet worden und hatte eine lange Tradition geistigen Einflusses auf die Nation hinter sich. Die von den Akademikern geförderte «Philadelphische Gesellschaft» hatte beinahe während eines Jahrhunderts die Verantwortung für die geistige Betreuung der Universität getragen. Ein vollamtlicher Generalsekretär stand dieser Arbeit vor.

In den Jahren 1923–24 hatte Sam Shoemaker dieses Amt inne. Ende 1923 stieß Ray Purdy, der als höherer Beamter in einer Wall-Street-Bank tätig war, zu ihm mit zwei andern Freunden, die von Frank Buchman geschult worden waren: Howard Blake und Charles Scoville Wishard. Auch Buchman war oft anwesend.

Die Arbeit dieser Männer war so erfolgreich, daß im Herbst 1923 achtzig Studenten und Professoren jeden Tag zusammenkamen, um ihr geistiges Leben zu vertiefen und es an andere weiterzugeben.

Es war klar, daß eine Reaktion kommen mußte. Ein Kenner der Verhältnisse (F. L. Allen in *Only Yesterday*) beschreibt die damalige Studentengeneration als skeptisch und jeder geistigen Reform abgeneigt. «Jeder, der nicht Toleranz als höchste Tugend ansah, wurde mit äußerster Intoleranz verfolgt. Atheismus war salonfähig. Sexualität sollte nicht nur für frei erklärt werden, sondern sollte ständig ausgeübt werden können.» Als einige unternehmende Studenten eine «Gesellschaft zur Verbreitung moralischer Verworfenheit» (Association for the Dissemination of Moral Turpitude) gründeten, empfand man das allgemein als humorvolles Gegengewicht zur «Philadelphischen Gesellschaft».

Doch es war eine viel entschiedenere Opposition am Werk. Sie hatte ihr Zentrum im studentischen «Théâtre intime», dessen Leiter ein glänzender Akademiker war, Neilson Abeel, der öffentlich erklärt hatte, er werde sein Leben einsetzen, um Buchmans Werk zu zerstören. Dr. Hibben, Präsident der Universität, Nachfolger von

Woodrow Wilson, ein wohlmeinender aber weicher Mann, wollte den drohenden Konflikt verhindern. Im Dezember 1923 lud er Buchman mit seinen Freunden zu einer Aussprache mit ihren Gegnern ein. Es fand nachher ein versöhnlicher Briefwechsel zwischen dem Präsidenten und Buchman statt. Doch Abeel und seine Freunde hatten nur Stoff zu neuen Angriffen gefunden. Im Februar 1924 stellten sie alle Anschuldigungen gegen Buchman in einem Pamphlet «Die Kanonenkugel» zusammen, dessen Druckbogen sie Dr. Hibben vorlegten mit der Drohung, sie würden es veröffentlichen, wenn er sich nicht offiziell gegen Buchman erkläre. Dr. Hibben, der für den guten Ruf seiner Universität fürchtete, ließ sich zu dem Satz hinreißen: «Für Buchmanismus ist an der Universität Princeton kein Platz.»

Trotz ihrem Sieg blieben die Angreifer nicht ruhig. Auch gab ihnen die um sich greifende Tatkraft von Buchmans Freunden allen Grund zu Ärgernis. So sah sich der Redakteur eines Kirchenblattes *(The Churchman)*, Ernest Mandeville, veranlaßt, alle Schauermärchen von Princeton in einer Reihe von Artikeln an die Öffentlichkeit zu bringen. Begierig nahm am 18. Oktober 1926 das *Time*-Magazin die Gelegenheit wahr, um die saftigsten Geschichten der Buchman-Legende sensationell aufgebauscht abzudrucken. Von da floß das trübe Wasser in die New Yorker Presse. Das war gerade zur Zeit, als Frank Buchman mit der königlichen Familie von Rumänien in Amerika an Land kam.

Der Sturm gegen Buchman war so elektrisch geladen, daß der Funke auf England übersprang. Ein Gegner Buchmans entwarf ein drastisches Bild einer Oxfordgruppenzusammenkunft, das bis heute noch unter den Kritikern der MRA herumspukt.

Das sogenannte «öffentliche Bekenntnis» war ein Hauptärgernis für den Kritiker der Oxfordgruppe, wobei es ein leichtes gewesen wäre, sich zu überzeugen, daß ein solches Bekenntnis von Buchman weder gefordert noch gefördert wurde.

Ein Leitartikel des *Life*-Magazins (18. Nov. 1926) ging nüchtern und sachlich auf die tieferen Ursachen der Opposition ein: «Es scheint, daß Mr. Buchman den Menschen neue Motive und eine treibende Kraft gibt. Die Mittel, über die er verfügt, ärgern diejenigen, die davon betroffen werden. Das mag der Grund sein, warum er in Princeton so scharf kritisiert wird. Vielleicht ist es auch, weil Princeton seine Studenten liebt, wie sie sind, und keineswegs wünscht, daß sie neue Menschen werden. Der Mensch weigert sich, anders zu werden. Die Institutionen, die dem Menschen angepaßt sind, wehren sich gegen die Veränderung. Das tun auch die Eltern. Was aber die Welt mehr als alles andere braucht, ist, daß viele in ihren Lebensgewohnheiten umgewandelt werden. Eine Wiedergeburt ist es, die unserer Welt not tut, schrecklich not tut, und die Welt ist genau so wenig bereit wie Princeton, der Notwendigkeit einer Umwandlung, wie sie F.B. bewirkt, ins Gesicht zu sehen.»

Das «Feuer der Verfolgung, das Propheten schmiedet», wird weiter unter den Füßen Frank Buchmans und seiner entschlossensten Mitkämpfer brennen.

Als eine Gruppe von Anhängern sich den anspruchsvollen Titel: «Christliche Gemeinschaft des ersten Jahrhunderts» (A First Century Christian Fellowship) zulegte, schüttelte Buchman den Kopf und schrieb ihnen: «Lest die Apostelgeschichte, und Ihr werdet sehen, was den Christen des ersten Jahrhunderts geschah. Ihr Leben war nicht auf Rosen gebettet. Gott sei Dank!»

Die «Verknüpfung des Intimen mit dem Globalen» (Gabriel Marcel) gibt dem Wirken Frank Buchmans Tiefe und Weite. Sein Werk wächst im Feuer der Verfolgung. Es weitet sich aus durch explosive Durchbrüche. Es weckt Widerstand bei den Verschlafenen. Es setzt sich auch bei den Willigen mühsam durch. Aber es läßt sich nicht aufhalten.

Der Sprung vom Persönlichen zum Nationalen begann mit Südafrika.

Die sieben jungen Männer, die im Juli 1928 von Oxford kommend in Kapstadt landeten, öffneten eine neue Dimension in der Geschichte von Frank Buchmans Wirken.

Nach Südafrika kamen an die Reihe: Amerika (1932), Skandinavien (1934), die Schweiz (1935), Holland (1937). Aber immer blieb England die Ausgangsbasis und das nationalsozialistische Deutschland die Hauptsorge. Unmittelbar vor dem Weltkrieg führte der Durchbruch in diese neue Dimension zu einem neuen Namen und zu einem neuen Stil. Im Eastend Londons, in Visby (Schweden), in Interlaken fanden der neue Stil und der neue Name Ausdruck in Frank Buchmans Reden, und die Illustrierte *Steigende Flut* fand eine weithin wirkende Verbreitung.

Die neue Offensive des Glaubens kann in einmaligen

Massenversammlungen oder mehrwöchigen Kampagnen geschehen. Aber die Grundform der Arbeit ist immer die *Haustagung* (House-Party). Sie wird von einer militanten Kerngruppe vorbereitet und geführt. Man kommt in einem Hotel, gelegentlich in einem größeren Privathaus, auf Anmeldung hin zusammen. Es finden Versammlungen statt, an denen keine Vorträge oder Predigten gehalten, sondern persönliche Erfahrungen ausgetauscht werden. Alles konventionell Erbauliche wird vermieden. In den ersten Jahren wurde überhaupt nicht gesungen.

Obgleich man sich im Bereich des Persönlichen bewegte — «Geh keinen Zoll über deine Erfahrung hinaus», betonte Buchman immer wieder —, so blieb doch das Emotionale nach Möglichkeit ausgeschaltet. Ein befreiendes Lachen ging oft durch die Reihen, wenn an einem alltäglichen Detail die Hörer sich selber wie in einem Spiegel erkannten. Buchman drängte darauf, daß man im Stil einer sachlichen Gebrauchsanweisung von sich selber rede.

Ein Jahr bevor Buchman mit seiner Mannschaft nach Südafrika reiste, schrieb er eine Reihe von Namen auf: Generalgouverneur Lord Athlone, Minister J. H. Hofmeyr, General Smuts und General Hertzog, dazu einige Journalisten, die er kannte. Er fügte hinzu: «Denke an die zehn Männer in Südafrika, die, wenn sie gewonnen würden, etwas für die Nation tun könnten. Sie sollen deine Mannschaft sein.»

Aber gleichzeitig dachte er an die Menschen, die mit ihm reisten. Da war ein junger Amerikaner, der sich nach seiner Scheidung dem Trunk ergeben hatte. Buchman hatte ihn mit nach England genommen und brachte ihn nun, zum Erstaunen seiner Freunde, mit nach Südafrika. Er war überzeugt, daß er nicht nur geheilt, sondern zu einem Pionier werden könne. Am letzten Tag auf dem Schiff betrank er sich derart, daß man ihn wie einen Kranken an Land bringen mußte. Buchman war bereit, seine ganze Arbeit um eines Menschen willen aufs Spiel zu setzen. Seine Erwartungen in diesen Amerikaner wurden nicht enttäuscht. Er wurde einer seiner besten Kampfgefährten.

Der Generalgouverneur Lord Athlone nahm eine holländische Gräfin, die Buchmans Mannschaft begleitete, als Gast bei sich auf. Er pflegte trotz angestrengter Tagesarbeit solange aufzubleiben, daß er von ihr noch die neuesten Berichte über die Geschehnisse an der Haustagung hören konnte. Auch daß der Bischof in seiner Kirche über den tiefen Eindruck sprach, den die Haustagung auf ihn gemacht hatte, ging ihm nahe. So vermittelte er für Buchman einen privaten Besuch bei General Smuts und seiner Frau. Aber das Entscheidende für Lord Athlone war die sichtbare Änderung eines jungen Sportsmannes. Nach einem Besuch Buchmans begleitete er ihn hinaus zum Wagen, wollte aber so dringend wissen, wie ein solcher Mann sich geändert hatte, daß Buchman wieder ins Haus zurückkehren mußte, um ausführlich seine Frage zu beantworten.

Die Spaltung zwischen Buren und Briten ging damals ebenso tief wie der Gegensatz zwischen Weißen und Schwarzen. Ein hervorragender Vertreter Englands, Prof. Brookes, Staatswissenschaftler an der Universität Pretoria, ließ die Schlußsitzung der Haustagung in eine ergreifende Demonstration der neu entstandenen Einigkeit zwischen den gegensätzlichen Lagern ausmünden. Er zitierte die Eingangsworte der Grundverfassung: «Das Volk von Südafrika erkennt die Souveränität und Führung des Allmächtigen Gottes an.» Dann erinnerte er an die Schlichtung des Streites zwischen Argentinien und Chile, bei welchem Anlaß Argentinien Kanonen auslieferte, aus denen Chile eine riesige Christusstatue goß. In Anlehnung an das Friedensgelübde, das die beiden Völker geschworen hatten, schlug er als entsprechendes Gelöbnis vor: «Eher soll unser unbegrenztes ‹Veld› zugrunde gehen, eher soll die ewig scheinende Sonne erlöschen, als daß wir, Buren und Briten, den Frieden brechen, den wir hier, zu Füßen des Erlösers Christus, beschwören.»

Die ganze Versammlung stand auf und wiederholte einmütig diesen Schwur.

Doch die Gegenbewegung blieb nicht aus. In den folgenden Jahren schwoll der antibritische Haß an der Universität Pretoria zu solchem Übermaß, daß die englischen Professoren, darunter auch Prof. Brookes, ihren Posten aufgeben mußten.

Dieser Auszug der Engländer war die Frucht der Agitation des Anführers der Buren, Prof. Norval. Sein Vater war im Burenkrieg getötet worden, und er behielt dessen blutdurchtränkten Waffenrock vor Augen, um seinen Haß zu schüren. Auf Veranlassung seiner Frau nahm er im Haus des Direktors einer zweisprachigen Knabenschule, W. M. Hofmeyr, an einer Zusammenkunft teil, in welcher er seinen Gegner, Prof. Brookes, sprechen hörte. «Nach Hause zurückgekehrt», sagte Norval, «verbrachte ich die schlimmste Nacht meines Lebens. Ich konnte die Engländer nicht weiter hassen, wollte aber ebensowenig von meinen besten Freunden, die jahrelang diesen Kampf mit mir geführt hatten, als Verräter angeschaut werden. Als Wissenschaftler und Agnostiker war ich immer stolz gewesen, mich nicht um Gott gekümmert zu haben. In dieser Nacht sagte ich: ‹Wenn es einen Gott gibt, bin ich bereit, mich diesem unbekannten Gott unter Protest zu unterwerfen.› Ich brauchte nicht lange auf Resultate zu warten. Ich fing an, Menschen als Menschen zu erkennen: die Engländer, die Eingeborenen und auch meine Frau.»

Kurz darauf lud er die Führer der verschiedenen Gemeinschaften in die Stadthalle von Pretoria ein. Hunderte fanden keinen Platz. Die Anwesenden wollten ihren Augen und Ohren nicht trauen, als sie Prof. Norval und Prof. Brookes Schulter an Schulter auf der Plattform stehen sahen und Norval, der geschworen hatte, nie ein englisches Wort zu sprechen, seinen Entschluß zur Zusammenarbeit mit ausführlicher Begründung in englischer Sprache vorbrachte.

Wie der Wellenschlag weiterging, zeigt das Buch des Nobel-Friedenspreisträgers Albert Luthuli *Let my people go* (1962). Der inzwischen verstorbene Führer der schwarzen Südafrikaner, der jahrelang im Gefängnis saß, berichtet von einem Treffen mit Prof. Brookes: «Wir konnten in einem offenen Geist die Schwierigkeiten besprechen, die sich aus dem Zusammenstoß der Rassen in Südafrika ergeben. Ich kann nicht sagen, daß wir die Probleme lösten, doch fand trotz der gegenwärtigen Mißstimmung ein Austausch von entgegenkommendem Verständnis statt... Dr. Brookes ist immer noch einer der größten südafrikanischen Vertreter privater und öffentlicher Gesundheit und Moral.»

In ganz andere räumliche Dimensionen führte der Feldzug im Amerika des Jahres 1932. Es war die Zeit der größten Depression. Die Hotels standen leer. Buchman füllte sie mit Menschen, die hungrig waren, eine Botschaft der Hoffnung zu hören. Wo Buchman mit seiner Mannschaft hinkam, füllten sich auch die Kirchen. Der Besuch der Oxfordgruppe habe das Regieren leichter gemacht, sagte der damalige Ministerpräsident von Kanada.

Eines Nachts fuhr Buchman im Schnellzug nach Kalifornien. Er hatte in seinem Abteil einige seiner Mitarbeiter versammelt. Er wollte in den sieben kanadischen Großstädten, die er besucht hatte, je zwei seiner Pioniere zurücklassen, um die Arbeit weiterzuführen. So diktierte er die ganze Nacht hindurch Brief um Brief an Hotelbesitzer, Staatsmänner, kirchliche Würdenträger, Gewerkschaftsführer, jeden persönlich ansprechend mit Grüßen an Frau und Kinder, die er aus dem Gedächtnis mit Namen nannte, und an gemeinsame Erlebnisse erinnernd. Diese Nacht blieb für die, die sie erlebten, unvergeßlich. Sie hatten zum erstenmal verstanden, was eine Strategie ist, die die Sorge um eine ganze Nation mit der leidenschaftlichen Fürsorge um die einzelnen Menschen verbindet.

Im Jahr 1934 nach Europa zurückgekehrt, sah Frank Buchman im Vormarsch von Faschismus und Kommunismus die Herausforderung der Stunde.

Die Einladung von Carl Hambro, dem Präsidenten des norwegischen Parlamentes, war für ihn der Anlaß, durch eine Offensive des Glaubens in den Gang des Geschehens einzugreifen. Hambros Vorschlag war, eine Haustagung in Hoesbjoer zu veranstalten, zu welcher er hundert seiner Freunde einladen wollte, während Frank Buchman mit dreißig seiner Mitarbeiter daran teilnehmen sollte. Schon das schien Hambro ein gewagtes Unternehmen; Buchman mußte ihn über seine finanziellen Bedenken beruhigen. «Wir werden von Tag zu Tag sehen, wie sich die Dinge entwickeln, aber ‹Sorget nicht, was ihr essen und trinken werdet›. Unser himmlischer Vater wird sich um uns bekümmern.»

Wie gewohnt, wuchsen unter Frank Buchmans Händen die Dinge ins Unerwartete. Statt hundert Teilnehmern wurden es tausend. Buchmans Mannschaft schwoll auf zweihundert an. Alle Betten der Gegend waren besetzt.

Die Nachricht über das, was unter diesen Männern der Presse, Politik und Wirtschaft vor sich ging, zog immer weitere Kreise. Wirtschaftliche Konflikte, ein drohender Generalstreik wurden im Geist der Versöhnung gelöst. Der König war erstaunt, daß die Qualität der Radiopre-

95

digten sich zusehends verbesserte. Der Vorsitzende der Schriftstellervereinigung, Ronald Fangen, der vorsorglich einen Vorrat an Whisky und Kriminalromanen an die Tagung mitgenommen hatte, fand dafür keine Verwendung. «Die Bedeutung der Oxfordgruppe», schrieb er, «liegt darin, daß sie uns ein einfaches und klares Christentum zurückgebracht hat, das ebenso reich an sieghaftem Leben, an Freude und neuer Gemeinschaft ist wie das der ersten Christen.» Norwegens Nachbarn horchten auf, als Bischof Berggrav von der «größten geistigen Bewegung seit der Reformation» sprach.

Der Journalist Frederick Ramm öffnete das Tor zu Dänemark. Als Begleiter Amundsens auf seinem Nordpolflug war er in der ganzen Welt bekannt geworden. Mit seinen ätzenden Artikeln über die Grönlandfrage hatte er sich in Dänemark verhaßt gemacht. Als er sich unter dem Einfluß der Tagung öffentlich für seine Angriffe auf die Dänen entschuldigte und seine Bereitschaft zur Versöhnung kundgab, öffneten sich für Frank Buchman in Kopenhagen alle Türen.

Anfangs 1935 zog er mit einer Mannschaft von 500 Mitarbeitern in die Hauptstadt Dänemarks. Zum ersten Mal fand ein wochenlanger Ansturm auf eine moderne Metropole statt. Es war unvermeidlich, daß ein Zusammenstoß mit den lokalen Gruppen, die sich an ein allzu persönliches, weiches Erweckungschristentum gewöhnt hatten, erfolgte. Buchman sah klar: «Die lokalen Kräfte sind einer solchen Situation nicht gewachsen. Ich bat sie, alles zu vermeiden, was öffentliches Aufsehen erregen könnte. Sie veranstalteten daraufhin eine Gebetsversammlung, an die sie auch Journalisten einluden – welch gefundenes Fressen für sensationelle Artikel! Unsere alten Gegner von Princeton hatten sich auch eingestellt. Ein jahrelang verkümmertes Wachstum zeigt sich hier: man denkt an Zwerge, die in einer Höhle herumkriechen. Doch plötzlich kommt eine Erleuchtung und alles wird klar.

Wenn nicht in kürzester Zeit etwas Entscheidendes geschieht, wird diese Nation wie eine überreife Frucht verfaulen, und das Volk wird nicht mehr imstande sein, die wahre Botschaft zu hören.»

Im März 1935 war alles bereit. An sechs Tagen war das größte Lokal der Stadt jeden Abend zum Bersten voll. Und jeden Morgen schulte Frank Buchman seine große Mannschaft. Er ließ von den Erfahrungen des vorhergehenden Tages, von Wundern und Anfechtungen berichten und daraus die Lehre ziehen. Jeden Tag griff ihn eine christliche Tageszeitung an. Ein Intellektueller, der dem betreffenden Redakteur ein Interview gab, erlebte zu seinem Schrecken und zum Schaden der Sache die Wahrheit von Buchmans Ausspruch: «Man kann ein Argument gewinnen und eine Seele verlieren.»

In den folgenden Wochen ergoß sich ein Strom von jungen und alten Kämpfern in die Häuser, Kirchen, Schulen, Institute, öffentlichen Lokale der Stadt. Unzählige Einzelgespräche fanden statt. Zeitungsartikel erschienen.

Das Ganze mündete zu Ostern in eine nationale Zusammenkunft in Haslev und zu Pfingsten in eine skandinavische Kundgebung im Hamletschloß von Elsinore. Zehntausende füllten den Schloßhof.

In *Dagens Nyheter* berichtete der Chefredakteur: «Heute ist Geschichte geschrieben worden. Solches habe ich nie in unserer Zeit gesehen. Dieser Mann Frank Buchman hat eine Vision von Welteroberung. Er kam als unbekannter Soldat aus einem Schützengraben der Christenheit und stand an diesem Tag in diesem dänischen Schloß als Anführer eines modernen Kreuzzuges, der die ganze Welt überspannt.»

Kein Wunder, daß an jenem Tag das erste Lied der Oxfordgruppe erklang: das «Brückenbauerlied».

Frederick Ramm war ein Beispiel für die Kraft, die Skandinavien in jenen Tagen gefunden hatte. Als er im deutschen Gestapogefängnis, von der Schwindsucht befallen, schon dem Tode nahe war, sagte er dem Freund, der ihn als einziger während der zweijährigen Einzelhaft einmal besuchen durfte: «Auch wenn ich allein bin, fühle ich mich nicht einsam. Alles was ich in der Oxfordgruppe gelernt habe, ist wahr geblieben. Lieber mit Gott im Gefängnis, als draußen ohne ihn.»

Zehn Jahre nach dem ersten Auftreten Frank Buchmans in Norwegen sagte Bischof Fjellbu von Trondheim an einem Presseinterview in London: «Der Besuch der Oxfordgruppe in Norwegen war ein geschichtliches Eingreifen der Vorsehung, wie Dünkirchen und die Schlacht um England. Es half, die Kluft zwischen Religion und Volk zu überbrücken. Tag für Tag hat es sich neu verwirklicht. Wir haben Größeres als eine bewaffnete Armee bekämpft. Wir sind dem gottlosen Materialismus entgegengetreten. Die Oxfordgruppe rüstete uns aus, für eine christliche Ideologie zu streiten.»

Schweizer, die am nordischen Feldzug teilgenommen hatten, luden Frank Buchman in ihr Land ein. Für Buchman war es die Gelegenheit, von einer andern Front aus an das deutsche Problem heranzugehen.

Schon von Anfang an stellte er die Aktion in den weltweiten Rahmen, den die Völkerbundstadt Genf bot.

Um der Neugier, die das Wirken der Oxfordgruppe in verschiedenen Ländern erweckt hatte, bei der Völkerbundsdelegation entgegenzukommen, veranstaltete der Vorsitzende des Völkerbundes, Dr. Benesch, ein Essen, an dem Vertreter von vierundvierzig Ländern, einschließlich Italiens und Äthiopiens – neben Frank Buchman und seinen Mitarbeitern im Ganzen an die fünfhundert Gäste – teilnahmen.

Frank Buchman sprach nur vier Sätze: «Es gibt Leute, die fühlen, daß Internationalismus nicht genug ist. Nationalismus kann eine Nation einigen. Supernationalismus kann eine Welt einigen. Ein gottgelenkter Supernationalismus ist darum die einzig sichere Grundlage für den Frieden der Welt.»

Carl Hambro, der vorjährige Präsident des Völkerbundes, entwarf dann ein Bild dessen, was die Oxfordgruppe in seinem Land bewirkt hatte. «Hunderttausende haben eine Änderung ihres Lebens erfahren. Im ganzen Land spürt man den Einfluß dieser Änderung.» Dann fügte er hinzu: «Für jeden Politiker kommt der Tag, da er sein Werk mit dem Traum seiner Jugend vergleicht und den Gegensatz zwischen dem, was er sich zu tun ersehnte und dem, was er getan hat, sieht.

Sie werden als Politiker verstehen, was es bedeutet, wenn ich erkläre, daß keiner, der mit der Oxfordgruppe in Berührung kommt, mit dem gleichen Geist wie vorher zu seiner internationalen Arbeit zurückkehren wird. Diese Begegnung wird es ihm unmöglich machen, weiterhin von Haß und Vorurteilen beherrscht zu werden.»

Das war der Leitstern für die kommende Aktion. Von Genf aus ging die Bewegung wie ein Sturm über das Land. Massenversammlungen fanden in den großen Städten statt. Die größten Säle waren immer überfüllt. In Zürich mußte neben dem großen Börsensaal eine Parallelversammlung im Fraumünster anberaumt werden.

Es wehte ein scharfer Wind. Buchman verlangte das Äußerste von seinen Mitarbeitern. Die an ein gemächlicheres Tempo gewohnten lokalen Gruppen wurden überrannt. Alle Grenzen wurden gesprengt.

Ein Schweizer, den Buchman zur nationalen Verantwortung heranziehen wollte und immer wieder auf den exponiertesten Posten stellte, hat versucht, sich mitten im Gang der reißenden Geschehnisse über das, was vor sich ging, Rechenschaft zu geben:

«Es geschehen merkwürdige Dinge. Einige hundert Menschen aus den verschiedensten Ländern und Ständen kommen in eine moderne Großstadt, um Revolution zu machen. Es sind keine Schwärmer. Sie sind nichts weniger als weltfremd. Geschäftsleute, Politiker, Intellektuelle, junge Sportler treten unter ihnen besonders hervor. Die

100

Art ihres Zusammenlebens ist zugleich die einer großen Familie, eines militärischen Lagers und einer revolutionären Zelle. Was noch seltsamer ist: sie verfolgen kein persönliches Ziel, haben keinen Vorteil vom Erfolg ihres Unternehmens. Sie bilden keine Organisation. Sie haben keine bezahlten Funktionäre. Sie selber arbeiten fast Tag und Nacht. Die meisten sind unter größten Opfern an Zeit und Geld gekommen, viele haben ihren guten Ruf, etliche ihre Karriere drangegeben.

Was ist denn ihre Botschaft?

Das Einfachste und zugleich Revolutionärste der Welt: Sie haben entdeckt, daß Gott so wirklich ist, daß er sogar das Leben eines Menschen von Grund auf ändern kann. Sie haben selber an sich und vielen andern diese Erfahrung gemacht. Das gibt ihnen eine unbändige Entschlossenheit und eine unbegrenzte Erwartung. Wenn Gott die Menschen ändern kann, dann kann er auch die Welt ändern.

Was ist ihre Methode?

Sie erzählen einfach von ihren Erfahrungen. Sie bringen keine neuen Ideen, sie bringen neue Tatsachen. Sie lassen sich nicht auf Diskussionen ein, sie geben jedem die Möglichkeit, selber das entscheidende Experiment zu machen.

Da sie der Meinung sind, daß es heute keine Zeit zu verlieren gibt, so brauchen sie jedes Mittel, um so schnell als möglich die größte mögliche Zahl zu erreichen. Sie halten große Versammlungen ab, sie benutzen die Presse, das Radio, sie dringen in die kirchlichen, politischen und beruflichen Organisationen ein, sie gelangen bis zu den Regierungen. Aber das Eigentliche kommt erst nachher:

der persönliche Kontakt mit denen, die bereit sind, das Abenteuer zu wagen.

Hier ist das Geheimnis der Bewegung: die Erkenntnis, daß nur dann etwas wirklich geschieht in der Welt, wenn es am konkreten Menschen und durch den konkreten Menschen geschieht. Eine neue Weltordnung kommt nicht durch neue Ideen und Einrichtungen, sondern durch neue Menschen. Je mehr der Mensch in seiner ganzen Wirklichkeit und in allen seinen Beziehungen erfaßt wird, desto größer ist die Durchschlagskraft des neuen Lebens. Desto stärker ist aber auch der Zusammenhang der Menschen, die von diesem Geschehen erfaßt werden. Nach diesem Gesetz, das mit der Gewalt und der Exaktheit eines Naturgesetzes wirkt, bilden sich die neuen sozialen Zellen, die man ‹Gruppen› nennt.

Worin unterscheidet sich diese Bewegung von andern religiösen Strömungen?

Durch die Freiheit und Strenge des Zusammenhaltes: Die Gruppe ist ein Organismus, keine Organisation. Es gibt hier keine statutarischen Verpflichtungen, keine Reglemente, keine Mitgliederbeiträge. Aber von innen heraus bildet sich eine Ordnung der einzelnen und der Gruppen nach dem Grad der Aktivität und der Verantwortung. Je enger der Kontakt mit dem Kern ist, desto strenger die Disziplin, desto klarer die Führung, desto fester der Zusammenhalt, desto weiter der Horizont.

Durch den neuen Lebensstil: Für diese Menschen ist der Glaube nicht etwas Besonderes, das auf gewisse Stunden, Lehren, Gebräuche beschränkt ist. Er ist das alles durchdringende Element des Lebens. Dadurch bekommt er etwas Weltoffenes, Gelüftetes, Frohes, das die vielen, die ihn bisher nur in geschlossenen Räumen pflegten, erschreckt.

Durch den neuen Realitätssinn: Diese Menschen, die besonders empfindlich sind für die Inflation der Worte und Ideen, in der wir alle leben, lehnen von vornherein alle Worte und Lehren ab, die nicht ins wirkliche Leben der Menschen eingreifen. Die Lebensqualität des Sprechenden ist für sie das Wirklichkeitsmaß seiner Worte. Darum stellen sie sich selbst unter die Forderung der Bergpredigt: absolute Ehrlichkeit, absolute Reinheit, absolute Selbstlosigkeit und absolute Liebe. Darum gehen sie mit gewissen Worten vorsichtig um. Der Ernst der Verkündigung läßt sich nicht an der häufigen Verwendung der heiligen Namen und am hohen Prozentsatz der biblischen Zitate ablesen, wohl aber an den Konsequenzen, die der Verkündiger für sich selber zieht.

Allerdings hängt das göttliche Wort nicht vom Leben der Menschen ab. Aber wo das Wort sich nicht im Leben der Menschen auswirkt, da ist es wie ein Haus auf Sand gebaut.

Durch Betonung des aktuell Geschehenden: Der Glaube ist nicht eine Lehre oder ein fester Besitz, er ist ein Ereignis. Es passiert etwas. Es geht einem etwas auf. Es geht in Wirklichkeit etwas auf. Es gibt in der Gruppe eine einfache Formel: Sünde ist alles, was mich von Gott und dem Nächsten trennt. Die Ursache aller Ohnmacht und Verwirrung ist, daß der Durchgang von Gott zum Nächsten durch die aufgeschwemmte Ichhaftigkeit versperrt ist. Man nimmt sich selber zu wichtig. In tausend Formen grober und feiner, aktiver und passiver Art äußert sich diese Überbetonung. Wer das in seinem Leben konkret gesehen hat, der weiß, daß es nur eine Lösung gibt: die Ichhaftigkeit aufzugeben. Dann wird der Durchgang frei, dann kann etwas geschehen. Und es geschieht dann auch.

Aber das Ich macht sich immer wieder breit. Immer wieder muß man den Gang freimachen, zu Gott hin und zu den Nächsten hin. Das ist der Sinn der ‹stillen Zeit› und des ‹Sichmitteilens›. Immer offen sein zu Gott, von sich wegschauen, auf ihn hören, ihm Zeit geben, damit er meinen ganzen Alltag mit seinem Licht durchdringe – immer offen sein zum Nächsten, wegräumen, was im Wege ist, auch die kleinste Unehrlichkeit, den leisesten Groll; ihn Anteil nehmen lassen an was bei mir geschieht, aber nicht sentimental, sondern aktiv, konkret, selbstlos.

In einem Durchgang, der nach beiden Seiten offen ist, zieht es, besonders wenn der Wind Gottes durchweht. Es gibt viele, die können diesen Zug nicht ertragen. Sie sprechen von Aggressivität, von angelsächsischem Aktivismus usw. Aber wenn wir täglich bitten: Dein Reich komme!, dann müssen wir uns nicht vorstellen, daß dieses Kommen unbedingt im Tempo eines gemütlichen Sonntagnachmittag-Spazierganges geschehen soll. Es könnte wohl höheren Orts eine heilige Ungeduld geben: Ach!, daß doch endlich etwas geschähe in der Welt.

Viele Leute sagen, sie wären schon bereit, alles zu wagen für Gott, wenn sie sicher wüßten, daß er wirklich da sei. Wie bürgerlich-berechnend! Wie vorsichtig! Kehre den Satz um! Wage alles für Gott, und du wirst sehen, daß er wirklich da ist.

Durch die Heranbildung einer verantwortlichen Führerschaft: Es ist nicht genug, daß ein Mensch durch die Gruppe ein neues Leben findet. Er muß so weit kommen, daß er auch andere vorwärtsbringen kann. Gruppen, nur der Pflege der Gemeinschaft und des persönlichen Wohlergehens dienen, werden mit der Zeit muffig und sterben ab. Die Gruppe bleibt nur lebendig, wenn sie ein Stoßtrupp in vorderster Linie ist und wetterharte, kampferprobte, selbständige Führer erzeugt – Menschen, die Verantwortung auf sich nehmen können, Menschen, die in schwerer Zeit und neuen Situationen durchhalten, Menschen, die auf intelligente Weise unmögliche Dinge tun.

Durch den universalen Zug: Wenn diese Erneuerungsbewegung wie zur Zeit der ersten Christenheit aus den tiefsten Schichten der Wirklichkeit durchbricht, dann kann sie nicht im religiösen Bereich hängen bleiben, sondern muß auf alle Gebiete des privaten und öffentlichen Lebens übergreifen. Das ist dann im tiefsten Sinn für den einzelnen und für die Gesamtheit Wiedergeburt – Renaissance.»

Dieses Durchbrechen des Religiösen ins öffentliche Leben geschah auf den verschiedensten Wegen. Eine große Zahl von Einladungen und Empfängen fanden statt. Privathäuser, Kirchen, Vereinslokale, Handelskammern, Regierungsgebäude öffneten sich. Im Bundeshaus fand ein Empfang durch den Bundespräsidenten und andere Regierungsvertreter statt. Eine Woche später trafen sich in einem großen Kommissionszimmer zahlreiche Parlamentarier mit Frank Buchman und seinen Mitarbeitern. Der *Bund* berichtete erstaunt von dieser «Bekenntnisstunde im Bundeshaus», und die *Suisse* machte in ihrem Leitartikel halb scherzhaft, halb ergriffen einen Vergleich mit dem legendären Erscheinen des Niklaus von der Flüe in der Tagsatzung von Stans.

Den Schluß der Kampagne bildete die Rede Frank Buchmans in Zürich, in welcher er, von der Begrüßung des Bundespräsidenten Rudolf Minger ausgehend, seine Vision von der Rolle der Schweiz im Völkergeschehen entwarf:

«Ich sehe die Schweiz als einen Propheten unter den Völkern und einen Friedensstifter in der Völkerfamilie. Ich sehe, wie durch die persönliche Verantwortung einzelner vor Gott ein lebendiges Christentum zur lenkenden Kraft im Staate wird. Ich sehe, wie die Kirche in der Schweiz aus solcher Autorität lebt, daß sie Träger einer Mission zu den Christen vieler Länder sendet. Ich sehe, wie Schweizer Geschäftsleute den Führern der Weltwirtschaft zeigen, daß Vertrauen zu Gott die einzige Sicherheit ist. Ich sehe, wie Schweizer Staatsmänner den Beweis erbringen, daß göttliche Führung die einzige praktische Politik ist. Ich sehe, wie die Schweizer Presse ein machtvolles Beispiel dafür sein wird, was eine Presse sein sollte: der Herold einer neuen Weltordnung.»

Was waren die Früchte, die in diesem Sturmeswehen reiften?

Was sich aus den Massenversammlungen und den zahllosen persönlichen Kontakten ergeben hat, ist schwer zu ermessen. Für viele fand unzweifelhaft die entscheidende Wendung ihres Lebens statt. Man hätte auch von einer atmosphärischen Änderung sprechen können. Etwas Neues drang sozusagen durch die Fensterritzen ein. Der Geschäftsmann, der ganz allein in seinem Büro saß, fühlte ein leises Unbehagen, wenn er sich anschickte, seine lieben Mitbürger zu betrügen. Das öffentliche Gewissen war empfindlicher geworden. Der Finanzdirektor eines

Kantons berichtete, daß nach dem Eidgenössischen Dank-, Buß- und Bettag 6000 Steuereingänge verzeichnet worden seien. Das sei in der Finanzgeschichte der Republik noch nie vorgekommen.

Weitere Schichten wurden auch durch die Presse erreicht. Das *Journal de Genève* ließ eine vierseitige Beilage erscheinen.

Aber an negativen Reaktionen fehlte es auch nicht. Am auffälligsten waren die Widerstände bei manchen gutgesinnten Schweizern. Daß es in allen lokalen Gruppen solche gab, die sich vergewaltigt fühlten und das ganze Vorgehen als unschweizerisch empfanden, war nicht erstaunlich.

Frank Buchman war in der Tat für viele ein Stein des Anstoßes. Er hatte in seinem Auftreten etwas Herausforderndes, das Widerspruch hervorrief. Er konnte auch mit seinen engsten Mitarbeitern hart sein. Er verlangte militärische Disziplin. Er, der von seiner Herkunft her eine besondere Liebe zur Schweiz hatte, war um so empfindlicher für das Unverständnis und die Widerstände, die sich ihm mehr und mehr entgegenstellten. «Die Schweizer sind wie eine Gummiwand», bemerkte er im Gespräch mit einem engen Mitarbeiter. «Man meint, man habe sie einen Schritt weitergebracht, und kaum sind sie sich selber überlassen, so sind sie wieder wie vorher.»

Im Januar 1937 war Frank Buchman Gast bei der Hochzeit der Prinzessin Juliana mit Prinz Bernhard. Er traf bei dieser Gelegenheit viele seiner holländischen Freunde. Sie waren für eine größere Aktion bereit, doch lebten sie immer noch im beschränkten Horizont einer persönlichen Erweckungsbewegung.

«Ihr habt prachtvolle individuelle Arbeit getan», sagte ihnen Frank Buchman, «ihr habt schöne Haustagungen veranstaltet. Nun gilt es aber, alles mit den internationalen Problemen zu verknüpfen. Mein Gedanke ist: Ihr müßt imstande sein, dem Volk etwas zu geben, das eine nationale Wiedergeburt bringen kann. Holland muß ein Wunder werden, ein Lichtstrahl für die Nationen.» Nur langsam ließen sich die vorsichtigen Holländer überzeugen, daß eine Kundgebung auf nationaler Ebene zum Aufruf an das Gewissen des Volkes werden könnte. Eine mutige Frau, Charlotte van Beuningen, fand Schritt um Schritt unter Frank Buchmans unerschütterlicher Wegleitung den Zugang zur weiteren Dimension. Sie brachte es gegen alle Widerstände zustande, die große Gemüsehalle von Utrecht als Versammlungslokal für eine Pfingsttagung zu bekommen. Zehn Tage dauerte die «Zusammenkunft für die neuen Niederlande».

Vor der riesigen Zuhörerschaft erklärte der designierte Außenminister Dr. Patijn: «Es ist nicht jedermanns

Sache, öffentlich über seinen Glauben zu sprechen, und mir persönlich ist es nicht leicht, es zu tun. Doch muß jeder Mensch den Mut haben, zu seiner Überzeugung zu stehen, und es wäre meinerseits undankbar, wenn ich nicht bezeugte, daß ich durch meine Erfahrung mit der Oxfordgruppe gelernt habe, meinen Nächsten, die Welt und mein ganzes Leben in einem neuen Licht zu sehen.»

Dr. Patijn, der vom September 1937 bis August 1939 das Amt des Außenministers innehatte, bis er in deutsche Gefangenschaft geriet, hatte in einer Rede vor dem Völkerbund erwähnt, es sei ein höchst gefährlicher Disput über Schiffahrtsrechte zwischen Holland und Belgien dank einem Gedanken gelöst worden, der ihm, wie er glaubte, von Gott in einem Augenblick der Stille gegeben worden sei.

Lange bevor es ins allgemeine Bewußtsein drang, wurde Frank Buchman auf ein neues Element aufmerksam, das seither zu einem geschichtlichen Faktor geworden ist, vor dessen unaufhaltsamem Vorrücken alle Schutzwände des privaten Lebens mehr und mehr zusammenstürzen. Unmittelbar nach dem südafrikanischen Abenteuer wurde Frank Buchman vom britischen Botschafter in Peru, Sir Charles Bentinck, nach Südamerika eingeladen. Auf dem gleichen Schiff fuhren der Prinz von Wales und der Herzog von Kent. Gerade in den Tagen des königlichen Staatsbesuches bereitete sich in Peru ein Aufstand vor. Er begann in Lima mit einem Taxistreik. Während die königlichen Hoheiten zu Fuß gehen mußten, stand für Buchman immer ein Taxi bereit. Der Chauffeur sagte ihm: «Wir hörten, daß Sie Ihren Chauffeur besuchten, als er krank war, darum beschlossen wir, daß Sie als einziger ein Taxi zur Verfügung haben sollen.» Buchman benutzte diese Gelegenheit, um den Führer des Streiks aufzusuchen.

Zwei Tage später meuterte die Garnison von Arequipa. Gleichzeitig brach ein Studentenstreik aus. Von Arequipa kommend, übernachtete Buchman in Cuzco. Früh am Morgen wurde er geweckt. Eine Revolution sei im Gange, er solle sofort mit allen andern Gästen aus dem Hotel fliehen. In der Zeit der stillen Besinnung kam ihm der

Gedanke: «Was immer du zu tun gedenkst, geh nicht aus dem Hotel.» So blieb er als einziger und hatte einen wohltuenden Ruhetag. Als er am Abend in die Halle hinunterging, sah er die geflüchteten Gäste zurückkommen. Sie waren erstaunt, ihn vergnügt und ruhig im Hotel zu finden.

Was Buchman in jenen Tagen sah, machte ihm einen tiefen Eindruck. Eine neue Schicht von Revolutionären war bedrohlich in Sicht gekommen: die Studenten. «Es ist erstaunlich», sagte er, «daß es Mädchen von achtzehn und neunzehn Jahren sind, die an der Universität Cuzco Propaganda für den Kommunismus machen. Haben die Christen überhaupt ein Programm, um einen so wohlvorbereiteten Plan zu beantworten?»

Auf der Rückkehr übernachtete er in São Paulo. «Ich war in São Paulo», sagte er später, «in der Nacht, da der Prinz von Wales im Palace Hotel übernachtete. Wer schlief zur selben Zeit im gleichen Hotel? Ein Kommunist namens Bela Kun.» Es gab ihm zu denken, daß in einem südamerikanischen Land zwei junge Kommunisten mit Ministern ständig Kontakt hatten, um sie linientreu zu festigen.

An der Universität Aberdeen erzählte Buchman von seinen Erfahrungen: «Als ich den Himmel vom Feuer der brennenden Stadt sich röten sah, durchfuhr mich ein Gedanke, so klar, als stünde er in Flammenzeichen vor meinen Augen: wagemutige Führerschaft allein kann der heutigen Weltkrise begegnen.»

Einer der Studenten kam zum Bahnsteig, bevor sein Nachtzug nach London abfuhr. «Ich möchte einer der Männer sein, die diese Antwort der Welt bringen», sagte

111

er. «Ich will mein Leben für die Arbeit geben, die Sie tun.» Buchman zog ihn in sein Abteil: «Wir wollen hören, was Gott dazu sagt.» Nach einem Augenblick des Schweigens sagte er: «Junger Mann, suchst du große Dinge für dich selber? Suche sie nicht, suche Christus.»

Das war keine fromme Phrase. Frank Buchman lebte immer zwischen den Polen: Gott und Welt. Der Funke schlug immer von einem Pol zum andern. Aus der Spannung dieser Zwischenstellung kam es gelegentlich zu explosiven Ausbrüchen, die Frank Buchman in eine neue Dimension führten. Als er mit seiner Mannschaft in Amerika war, hielt er sich zwischen der kanadischen und der kalifornischen Expedition in Seattle auf. Seine Freunde fragten sich, warum er so bedrückt aussehe. Als er sich für ein paar Tage zurückzog, glaubte man, er sei krank. Aber plötzlich erschien er wie ein Neuerwachter. Er trat mit einer neuen Botschaft hervor, die er «T-Plan» nannte, und die er mit einer fast erschreckenden, jeden Kompromiß ablehnenden Entschiedenheit vertrat. Was war geschehen? Man konnte es nur vermuten. Er war wie durch eine vulkanische Explosion in einen weiteren Zusammenhang hineingeraten. T-Plan bedeutete Totalitätsplan. Alles Bisherige erschien als zu eng, zu begrenzt. Eine schmerzhafte Ausweitung des Blickes und des Herzens war notwendig, um die heutige Welt zu verstehen und auf sie zu wirken.

Wieder war Frank Buchman in seiner Anteilnahme am Weltgeschehen seinen Mitarbeitern voraus. Wer nicht mit der gleichen Opferbereitschaft mitmachen konnte, blieb auf der Strecke. Wer nicht mitgehen wollte, weil es unbequem war und zu tief ins Fleisch einschnitt, warf den

Fehler auf ihn und sprach von Übertreibung, Radikalismus, Utopie. Das konnte Buchman nicht aufhalten. Er sah in England, wo er seit 1931 die großen Sommertagungen in Oxford leitete, wie schwer es für die Kirche war, dem aufkommenden Faschismus und Kommunismus gegenüber ihren Standort zu finden.

«Der Zusammenprall ist notwendig, um das Christentum zu retten», notierte er in seiner stillen Zeit. «Ist unsere akademische Laboratoriumsarbeit der Last und Not des modernen Lebens gewachsen? Der Materialismus hat den Boden für den Kommunismus vorbereitet. Humanismus ist nicht genug. Ich sehe in der ganzen Christenheit keine dynamische Antwort auf diese Herausforderung. Moralischer Bolschewismus verlangt eine mächtige Gegenoffensive von Gottes lebendigem Geist. Gibt es ein Kraftwerk, das die Energie liefert, die den Lauf der Geschichte wenden kann?»

Unterdessen geschahen in Oxford Wunder und Zeichen. Ein Motorrad-Klub flog auf. Die vom Lärm und Alkohol besessenen Adepten verloren in Buchmans Gegenwart keineswegs ihre Dynamik; sie machten durch ihre Änderung Sensation. An der Universität wuchs die Zahl derer, die sich für ein Leben unter Gottes Führung entschieden.

Frank Buchman hoffte noch immer, daß die Kirche Englands in Bewegung kommen werde.

«Gott ist an der Arbeit», schrieb er in einer Zeit der Besinnung, «er wirkt sichtbar durch die Gruppe, um die Kluft zwischen dem gewöhnlichen Volk und der Kirche zu überbrücken. Man hat das Vorbild und den Alltag auseinandergehen lassen. Eine ungeheure Kraft müßte aus dem englischen Kirchenleben hervorbrechen. England an-

packen! Ein großer nationaler Angriff durch die Kirche.»
Die Kirche schien Frank Buchman entgegenzukommen.
Der Erzbischof von Canterbury fand anerkennende
Worte. Trotz allen Widerständen und Verleumdungen
kam die Lambeth-Konferenz, bei welcher Buchman und
seine jungen Sportler zu Wort kamen, zu einem positiven
Urteil. Aber das einzige Ergebnis war die Gründung einer
Kommission.

Buchman hatte zuviel von der lähmenden Kraft in
Organisationen erlebt. Er hatte wenig Glauben an die
revolutionäre Dynamik eines Komitees.

«Niemand weiß, was für Sprünge eine Katze am
Kamin machen wird, aber niemand erwartet etwas von
der Porzellankatze auf dem Sims», bemerkte Buchman.
«Leben ist mehr als Organisation. Wachsendes Leben
muß die Organisation mitreißen. Leben kann nicht in
alten Schläuchen gehortet werden. Wesley verlor keine
Zeit mit der Fabrikation von Schläuchen. Er konfrontierte
eine eingefrorene Theologie mit einer lebendigen Erfahrung.»

Eine enge Freundschaft verband Frank Buchman mit
Bischof Soederbloem, den er an einer Konferenz mit Sir
Arnold Lunn in Mürren getroffen hatte. Der «Vater des
Ökumenismus» antwortete auf einen Brief, der vor der
erstarrenden Macht der Organisation gewarnt hatte: «Ich
habe von Anfang an gefühlt, daß unser modernes Ein-
heitsbestreben nicht auf menschlichen Einrichtungen und
Plänen beruhen soll. Wir müssen, wie Sie schreiben, eine
tiefere Einheit finden. Sie selber sind um das eine, das im
Glauben und Leben not tut, bekümmert: die absolute
Herrschaft Christi über unsere Herzen, Worte und Taten.

Ein einziges geändertes Leben ist überzeugender als ein Haufen Predigten.»

Frank Buchman sah mit Sorgen die wachsende Kluft zwischen Kirche und Alltag. Seine vornehmste Bemühung war, die Botschaft so darzustellen, daß der moderne Mensch sich direkt angesprochen fühlt. «Ich habe mein Leben für drei kleine Buchstaben eingesetzt: wie. (I have dedicated my life to three small letters: how.)

Wir müssen lernen, die Wahrheit ganz anders auszudrücken und brauchen dafür strenge Schulung. Es nimmt mich wunder, was die Kirche der Zukunft sein wird. Ich bin überzeugt, daß sie von dem, was sie gegenwärtig ist, völlig verschieden sein muß. Mir schaudert, wenn ich an die Art der Darbietung der Wahrheit in den theologischen Lehrsälen Englands denke. Es fehlt an der großen Konzeption, wie man Christus als die herrschende Gestalt und Gewalt, die er sein sollte, mitten in die moderne Welt hineinstellen könnte. Korrektes Formulieren einer großen Wahrheit, ohne sie gleichzeitig in jede Sphäre des Lebens hineinwirken zu lassen, geht völlig fehl.»

Bei seiner Rückkehr aus Lateinamerika schrieb Buchman über seine Erfahrungen mit der dortigen Kirche:

«Niemand kann sich eifriger um die Kirche bemühen als ich. Aber Treue zur Kirche verlangt, daß man sie so sieht, wie sie ist. Die Kirche, wie sie heute ist, wird die Nation niemals ändern. Kommunismus und Faschismus haben die größte Krisis in der Geschichte der christlichen Kirche seit den Katakomben ausgelöst. Was folgt daraus? Eine völlig neue Orientierung – geh auf die Straßen und an die Hecken. Es kommt jetzt nicht auf unsere Idee von der Kirche an, sondern auf die Not der Welt. Das bedeutet, daß Späne fliegen werden, aber ich bin bereit, es durchzustehen.»

In der Tat flogen die Späne. Besonders hitzig waren die Angriffe des Bischofs von Durham. Alle Angriffe konnten aber nicht den geistigen Erdrutsch aufhalten, der von der Gruppe ausging. Russels Buch *For Sinners Only* (Nur für Sünder) wurde zum Bestseller. Haustagungen in Westminster, Ermatingen, Birmingham, Den Haag, Paris, Bloemfontein, Manchester, Darlington, Utrecht, Breslau, Genf wurden zu Ausstrahlungszentren neuen Lebens.

In Oxford prallten die Gegensätze aufeinander. Einer scharfen Opposition zum Trotz bildete sich eine Front entschlossener Studenten und Dozenten, die sich täglich in einer Bibliothek zum Austausch von Erfahrungen und Plänen trafen. Namen wie Alan Thornhill, Robin Mowat, Canon Streeter, Roland Wilson, Harry Addison, Morris Martin, Francis Smith, Kit Prescott, Garth Lean, Frank Bygott, Michael Barrett, John Morrison, Kenneth Belden, Jan Sciortino – alles Männer, die später als Mitkämpfer Frank Buchmans weit bekannt wurden – tauchten zum ersten Mal auf. Sie wurden der Kern einer unverbrüchlichen Weltmannschaft, die Frank Buchmans Augapfel bis zu seinem Tode blieb. Viele blieben über Buchmans Tod hinaus im Kampf bis zum heutigen Tag.

Die Ausbreitung ging in die verschiedensten Bereiche des Lebens. Eine Einladung kam von einer Anzahl Abgeordneter. So fand im Parlamentsgebäude eine denkwürdige Versammlung statt. Auch unter der Arbeiterschaft begann das neue Leben zu brodeln. In Londons Eastend wurden turbulente Auseinandersetzungen zum Tagesgespräch.

George Light, ein führender Sozialist, erzählt von seiner ersten Unterredung mit Frank Buchman: «Was zuerst auf mich Eindruck machte, war, daß er nicht von absoluter Ehrlichkeit sprach, sondern sie war. Dann sah ich, daß er auf alles, was ich am meisten erstrebte, sicheres Einkommen und höhere Stellung, verzichtet hat. Ich habe nie einen Menschen von solchem Glauben getroffen.»

Frank Buchman hatte den gleichen direkten Kontakt mit Arbeitern wie mit hohen politischen Persönlichkeiten. Lord Salisbury wurde im Buckingham-Palast gefragt, warum er ein solches Interesse an der Oxfordgruppe zeige. Er antwortete: «Es ist der Geist Gottes, der über den Wassern schwebt, und ich wage es nicht, abseits zu stehen.» Er lud Frank Buchman nach Hatfield House ein, um ihn seinen Freunden vorstellen zu können. Einer der vornehmen Gäste war Lord Lytton, den Buchman zehn Jahre früher in Indien getroffen hatte. Der Lord erzählte ihm, daß sein Sohn Anthony bei einem Flugunfall umgekommen sei, und gab ihm ein kleines Gedenkbuch an Anthony. Am andern Tag schrieb ihm Buchman: «Sie haben ein Verhältnis zu Ihrem Sohn gehabt, wie es den meisten Vätern vorenthalten ist. Ich kenne viele Menschen, aber offen gesagt ist mir niemals ein solches von Gott inspiriertes Zeugnis vor Augen gekommen, das der jungen Generation eine Richtung geben könnte. Wie viele gibt es unter Ihren Freunden, Vätern und Söhnen, die sich nach einem solchen Verhältnis sehnen! Kein kostbareres Erbe, für das Sie Ihr Leben einsetzen können, hätte Ihnen Ihr Sohn Anthony hinterlassen können.»

Einer der hohen Gäste von Hatfield House brachte

Buchman mit Premierminister Baldwin zusammen. Es war gerade eine Woche nach dem Verzicht Edwards VIII. auf den Thron. Baldwin sagte Buchman, er habe nun seine Arbeit getan und werde sich nach der Thronbesteigung Georges VI. zurückziehen. Buchman sagte ihm, es gäbe Größeres als Verzicht. Der Staatsmann müsse «die Stimme einer höheren Autorität sein, um England zu einer Wiedergeburt zu führen».

Buchman machte sich keine Illusionen über die führenden Kreise Europas. Er schrieb einem seiner vertrautesten Mitarbeiter: «Ich glaube nicht, daß wir für die Rettung Englands auf die ältere Generation zählen können. Sie haben zu viele Eisen im Feuer. Wir können bei ihnen, mit wenigen Ausnahmen, nicht auf Taten rechnen.

Mehr Hoffnung machen mutige Industrielle. Sie sind gewohnt, Großes zu wagen.

Wir wissen um die Antwort. Die einzige Frage ist, ob wir unser Boot in stürmischer See zum Polarstern steuern.»

Zu den «wenigen Ausnahmen» zählte Frank Buchman Lady Antrim, eine Hofdame der Königin Viktoria, ihren Freund Tod Sloan aus Ost-London, «Uhrmacher von Beruf und Aufwiegler von Natur», sowie den bekannten Oxford-Gelehrten Dr. B.H. Streeter, Rektor des Queen's College, der es wagte, öffentlich an die Seite Buchmans zu treten: «Die Oxfordgruppe ruft die Kirchen zu ihrer ursprünglichen Aufgabe zurück: die Seele der Nationen wie der einzelnen zu retten.» Er hatte diese Worte 1937 geschrieben, kurz bevor er mit seiner Frau bei einem Anprall seines Flugzeuges an einen Berghang in der Schweiz tödlich verunglückte. Drei Jahre vorher hatte er in einer öffentlichen Versammlung in Oxford vor einer großen Anzahl seiner Kollegen erklärt, er habe der Oxfordgruppe gegenüber eine Zeitlang die «wohlwollende Neutralität eines Gamaliel» eingenommen, sei aber zum Schluß gekommen, daß es «in einer Zeit wachsender Verzweiflung über die Weltlage seine Pflicht sei, mit ihr zusammenzuarbeiten». Er widmete die Neuauflage seines Buches: *The God Who Speaks* (Der Gott, der spricht) Frank Buchman mit den Worten: «Ohne Dich wäre manches anders geschrieben worden.» Die Freundschaft, die sie beide verband, seit sie 1921 zu Füßen des indischen Mystikers Sadhu Sundar Singh gesessen waren, wurde von J. B. Thornton-Duesbery, Master am St. Peter's College, auf einen Grundzug Buchmans zurückgeführt:

«Buchmans Geist war nicht akademisch, aber von außerordentlicher Treffsicherheit und Spannkraft. Er hatte die Eigenheit, unmittelbar zum Herzen der Dinge vorzudringen. Dazu besaß er die Gabe, seine Ideen in einfachster Form dem Mann auf der Straße nahezubringen. Das zog hervorragende Akademiker an. Ich denke vor allem an seine Beziehungen zu zwei Oxford-Persönlichkeiten, wie Dr. B. H. Streeter und Prof. L. W. Grensted. Es bestand zwischen ihnen ein Respekt und Verständnis, die auf der Demut großer Geister, die sich ihrer Grenzen und ihrer Stärke bewußt sind, beruhte. Die gleiche Demut war die Eigenschaft, die alle drei für die junge Generation so anziehend macht.»

Die Arbeit in England fand eine solche Ausbreitung, daß Buchmans bisherige Schaffensbasis zu eng wurde. Er hatte seit den zwanziger Jahren seinen Wohnsitz im Brown's Hotel. Zu ermäßigten Kosten standen ihm dort drei Zimmer zur Verfügung. Sie waren zugleich seine Wohnung, sein Sekretariat, sein Bücherdepot. Später kamen noch andere Räume hinzu. Doch im Krönungsjahr 1937 konnte das Hotel die während den Jahren der Depression gewährten Ermäßigungen nicht mehr beibehalten.

Im gleichen Jahr mußte wegen der Überweisung einer Erbschaft von £ 500 durch einen alten Freund eine legale Basis für die Oxfordgruppe geschaffen werden.

Mit dem weiteren Horizont war ein neuer Stil der Gemeinschaft notwendig geworden. Frank Buchman bedauerte es: «Ich hatte immer meine Freude an diesem Familienleben. Wir hatten das Vorrecht, Geld zu empfangen und es denen weitergeben zu können, die Hilfe brauchten. Vielleicht kann es so nicht weitergehen, doch werden wir wie bisher «einander in Ehren werthalten› (in honour preferring one another).»

In der Tat änderte sich nichts am bisherigen Gemeinschaftsleben. Es gab weiterhin keine Hierarchie, keine Mitgliederliste, nichts Exklusives oder Sektiererisches. Jeder konnte Mitglied seiner Glaubensgemeinschaft bleiben. Aber in die Oxfordgruppe oder in ihre Fortsetzung, die Moralische Aufrüstung, konnte man weder eintreten noch aus ihr austreten. Es war kein Verein da, nur eine unbedingte Verpflichtung des Lebens der höchsten Instanz gegenüber. So blieb es bis heute.

Auf der neuen Basis flossen Gaben zu, die es möglich machten, das Haus von Lord Clive of India zu der landesüblichen Miete auf 99 Jahre zu erwerben. Im leeren Haus fand zu Frank Buchmans 60. Geburtstag ein Essen mit zweihundert Gedecken statt, bei welchem Lady Antrim die Gastgeberin war und an deren Seite der Agitator aus dem Hafenviertel, Tod Sloan, saß. Frank Buchman dankte in seiner Tischrede für die neue Möglichkeit, die für sein Wirken gegeben war. An seine Ankunft in England vor zwanzig Jahren erinnernd, sagte er: «Als ich nach Cambridge kam, gab es kein Brown's Hotel. Ich hatte keine Unterkunft außer meinem Verhältnis zu Gott.»

Bevor das Haus eingerichtet war, brach der Krieg aus. Tausende fanden während den Bombenangriffen Schutz in Lord Clives Weinkeller. Aus den modernen Katakomben wuchs ein neues Geschlecht von Kämpfern hervor.

Das Erdbebenzentrum Europas lag im Deutschen Reich. Aus der Depression der zwanziger Jahre, den Unsinnigkeiten des Versailler Vertrages und den Spaltungen der bürgerlichen Welt war die Hydra des Nationalsozialismus hervorgekommen. Am Anfang erfreute sich sowohl der Staatsmann als auch der Mann auf der Straße an der straffen Ordnung, der Zurückdämmung des Kommunismus, der Arbeitslosigkeit und der Inflation. Die Brutalität des Nazi-Regimes schlummerte noch unter der Decke. Das Kirchenvolk glaubte an Hitlers «positives Christentum».

Karl Barth, der sich schon früh gegen das Dritte Reich erhob, sagte kurz vor dem Krieg: «Der Nationalsozialismus hatte in der ersten Zeit seiner Macht in der Tat den Charakter eines politischen Experimentes wie andere... Die Kirche in Deutschland hatte damals – das ist noch heute meine Überzeugung – das Recht und die Pflicht, ihm als einem politischen Experiment zunächst Zeit und Chance zu geben.» (5. Dezember 1938 in *Eine Schweizerstimme,* Zürich 1945.)

Lloyd George nannte noch 1936 Hitler den «George Washington von Deutschland».

Winston Churchill, der nachmalige grimmigste Nazigegner, erklärte im Juni 1939, sechs Monate nach dem Münchner Abkommen, die Welt könne immer noch einen

Hitler willkommen heißen, der es mit Frieden und Toleranz aufrichtig meine.

Frank Buchman hatte schon früh seine große Liebe zu Deutschland gezeigt. Er war mit führenden Persönlichkeiten in Kirche und Politik befreundet. So war es verständlich, daß die Sorge für Deutschland und für das durch ein totalitäres Deutschland gefährdete Europa während diesen Jahren viele seiner Handlungen bestimmte.

Eine Haustagung im Jahre 1929 hatte zur Entstehung verschiedener Gruppen geführt. Deutsche nahmen teil an Oxfordkonferenzen, reisten mit Buchman in Amerika. Pfarrer Ferdinand Laun hatte ein erstes deutsches Buch, *Unter Gottes Führung — Zeugnisse moderner Menschen,* veröffentlicht. Schon 1932 versuchten gewisse seiner deutschen Freunde, Buchman mit Hitler zusammenzubringen. Aber ein Sohn des Kaisers, der sich zusammen mit Joseph Goebbels eine Machtposition aufbauen wollte, fürchtete, Buchmans Einfluß könnte die Bewegung in eine andere Richtung lenken, und gab die Weisung: «Auf keinen Fall soll Buchman den Führer sehen.» Auch später kam es zu keiner Begegnung. Doch ließ Buchman es sich nicht nehmen, Kontakte nach allen Seiten zu pflegen. Er sah, daß Europas Schicksal auf der Waage lag, und hielt an dem Glauben fest, daß die innere Änderung führender Menschen den Gang der Geschichte zum Guten wenden könnte.

Die Spannung, die jeder seiner Schritte erregte, wurde erhöht durch die Resonanz der Geschehnisse in der Schweiz. Im Januar 1932 hatte ein Professor der Universität Zürich, ein Romanist, durch die Begegnung mit Frank Buchman und seiner Mannschaft in Genf einen neuen

123

tatkräftigen Glauben gefunden. Er lud zusammen mit einem Studenten Buchman und einige seiner Leute in seine Stadt ein. Ein Wirbel neuen Lebens ging dann von Zürich aus. Überall entstanden militante Gruppen. Im gleichen Sommer kam Buchman mit einer internationalen Mannschaft an die Haustagung in Ermatingen. Das kleine Fischerdorf am Bodensee wurde für viele zum Wendepunkt ihres Lebens. Ein anderer Professor von Zürich, ein weltbekannter Theologe, wurde von diesem Geschehen erfaßt. Beide Professoren standen mit vielen ihrer Freunde mitten im Strudel der von Frank Buchman ausgelösten geistigen Erweckung. Beide waren als gute Schweizer allergisch auf die Wendung zum Totalitären, die sich in Deutschland anbahnte. Buchman hatte mit beiden seine Not. Der eine, der im Kampf der Geister persönlich besonders angefochten war, zog sich immer wieder auf seinen theologischen Standpunkt zurück, der andere, eher eine weiche Natur, suchte nach allen Seiten zu vermitteln.

In dringenden Briefen mahnte Buchman im Blick auf die gefährliche Entwicklung an das einzig Rettende. «Ihre Gefahr ist», schrieb er dem einen, «daß Sie immer noch der vom Lehrstuhl aus donnernde Professor sind und das theologisch Perfekte suchen. Aber die Krise in der deutschen Kirche wird niemals auf diesem Wege gelöst werden. Nehmen Sie Ihren Satz: ‹Unglücklicherweise hat jener hoffnungslose Geselle (es handelte sich um einen deutschen Theologen) dem Ruf der Gruppe unersetzlichen Schaden zugefügt.› Er tönt für mich wie der Fluch über ‹Zöllner und Sünder›. Behalten Sie bitte Ihren Sinn für Humor, und lesen Sie in dieser Hinsicht das Neue Testament. Die Gruppe hat keinen Ruf zu verteidigen, und was mich angeht, habe ich nichts zu verlieren. Es geht nicht um dieses Mannes Vergangenheit, sondern um seine Zukunft. Was könnte es für die Zukunft Deutschlands bedeuten, wenn er durch Gottes Gnade die höchste Botschaft Christi in Ihnen verkörpert sähe! Sie könnten das menschliche Instrument sein, das diese mächtige Änderung hervorbrächte. Wir können nicht Partisanentum bekämpfen, wenn wir selber Partisanen sind. Offen gesagt: In Ihrem Brief ist immer ein Ton von akademischer Überlegenheit, die zum Fuße des Kreuzes gehen sollte... Unser Ziel ist nicht zu vermitteln, sondern die Menschen umzuwandeln und zu einigen, indem man sie zu Lebensumwandlern macht...»

Dem andern schrieb Buchman: «Ich fühle, daß Sie der Versuchung verfallen, den Mut zu verlieren, und darum fehlt Ihnen der Blick für das, was durch die Dynamik der Frohen Botschaft geschehen kann. Sie gehen immer noch mit einer akademischen Mentalität an die Dinge heran, und ich fürchte, daß Sie gelegentlich dadurch zu Fall kommen... Eine andere Gefahr spüre ich bei den Schweizern: sie möchten gern die Botschaft ihrem Tempo und ihrer vorgefaßten Meinung anpassen. Sie glauben, ein besonderes Recht zu haben, und meinen, ihr Blut sei anders als das anderer Leute... Es kommt nicht darauf an, was uns paßt oder was wir wünschen. sondern auf das, was uns not tut, und einzig und allein auf das, was mit dem Evangelium steht und fällt.»

Die beiden Professoren entwickelten sich im Laufe der Jahre in bezug auf Frank Buchman immer mehr auseinander, der eine als Hüter des Wortes meinte, sich von ihm distanzieren zu müssen, der andere trat nach langem

kräfteraubendem Hinken auf beiden Seiten immer entschlossener in Buchmans Nachfolge.

Doch das deutsche Drama ging unterdessen seinen
schicksalsschweren Gang. Eine vornehme und geistes-
starke Frau, Anneliese von Cramon-Prittwitz, spielte in
diesem Geschehen eine tapfere, aber für sie gefährliche
Rolle. Sie hatte 1930 Frank Buchman zum ersten Mal bei
einer Einladung zum Tee im Schloß Doorn getroffen.
Mitten im Gespräch ließ der Exkaiser durch Baron von
Richthofen Frank Buchman fragen, was für ein Mensch
er eigentlich sei. Lachend erwiderte Buchman: «Wir sind
gewöhnliche Leute, aber wir möchten die Wahrheiten, die
die ersten Christen zu Revolutionären machten, in die
moderne Sprache übersetzen.» Der Kaiser war schockiert,
daß man bei einem so ernsten Gespräch lachen konnte,
aber Frau von Cramon war von Buchmans Haltung tief
beeindruckt. Sie wollte mehr wissen und versuchte das,
was sie in längeren Gesprächen mit ihm gelernt hatte, in
ihrer Schule für Gutstöchter in Breslau anzuwenden. Sie
arbeitete in der Folge öfters mit Buchman zusammen und
wurde von ihm auch nach Amerika eingeladen. Während
ihrer Abwesenheit förderte eine Hausdurchsuchung Schriften, die der Partei verdächtig erschienen, zutage. Frau von
Cramon wurde von der Gestapo verhaftet und direkt zu
Heinrich Himmler nach Berlin gebracht. Er ließ sie nach
kurzer Befragung über ihre Zusammenarbeit mit Buchman wieder frei. Was ihn besonders interessierte, war, wie
sie sich die Mittel für die Reise nach Amerika beschafft
habe. Sie antwortete, sie habe ihren kostbarsten Besitz,
ihren Flügel, verkauft, um den Flugschein zu bezahlen.
Im Jahre 1935 ließ Himmler Frau von Cramon wieder

nach Berlin kommen. Nach endlosem Warten wurde sie endlich zum Reichsführer vorgelassen. Er verlangte von ihr, eine Schulungsarbeit für deutsche Frauen zu übernehmen. Sie antwortete, sie könne diesen Auftrag aus drei Gründen nicht annehmen: Sie sei kein Parteimitglied, sie sei eine Aristokratin und eine Christin. Himmler wischte diese Einwände unter den Tisch. Auf sein Drängen hin sagte sie, sie fühle sich verpflichtet, zuerst die Menschen, die ihren Glauben zu einer wirksamen Kraft in ihrem Leben gemacht hätten, um Rat zu fragen. Himmler war verblüfft. «Sind Sie so eng mit diesem Ausländer und seiner Gruppe verbunden?» – «Ja», erwiderte sie, «sie haben mir gezeigt, daß Gott einen totalen Anspruch auf mein Leben hat, und ich habe ihn angenommen.» Im darauffolgenden Gespräch, das Frau von Cramon nachträglich aufgeschrieben hat, fragte Himmler, der als Katholik aufgewachsen war: «Sagen Sie mir, wer ist Christus?» Es sei seiner Meinung nach «jüdisch», die Verantwortung für seine eigenen Sünden auf andere abzuschieben. «Ich brauche Christus nicht», fügte er hinzu. Sie fragte ihn: «Was werden Sie mit Ihren Sünden tun, die Sie selber nicht in Ordnung bringen können und die Ihnen niemand abnehmen kann?» «Als Arier muß ich den Mut haben, allein für meine Sünden einzustehen.» Darauf sie: «Sie können das nicht, denn Ihr Ungehorsam Gott gegenüber beraubt Deutschland des Planes, den er für diese Nation hatte.» Himmlers Schlußwort war: «Ich kann ohne Christus auskommen, denn Christus bedeutet die Kirche.» Und von der Kirche war er ausgeschlossen worden.

Bis zu diesem Punkt gingen zwar die Waagschalen auf

und ab, aber es wurde bald offenbar, daß Nationalsozialismus mit den Ideen von Frank Buchman unvereinbar war. Zuerst wurde jede aktive und passive Mitarbeit von Mitgliedern der Partei und Wehrmacht verboten. Dann griffen die Verbote auch auf die Zivilbevölkerung über. Bischof Dr. Dietzfelbinger, der Vorsitzende des Rates der Evangelischen Kirche in Deutschland, erzählte im Frühjahr 1971, wie er und andere Freunde Frank Buchmans sich mitten im Krieg in Garmisch für eine Tagung treffen wollten und wie die Polizei sie sofort nach ihrer Ankunft zwang, nach Hause zurückzukehren.

Das Schlußergebnis war der Gestapobericht, der 1942 vom Reichssicherheitsamt mit dem Vermerk «Nur für den Dienstgebrauch» herausgegeben wurde. Das Dokument, das 126 Seiten umfaßt, klagt Dr. Buchman und seine Anhänger an, «kompromißlos Kampfstellung gegen den Nationalsozialismus zu nehmen», indem sie «die Teilnehmer auffordern, sich ganz unter das Christuskreuz zu stellen und dem Hakenkreuz das Christuskreuz entgegenzusetzen, da dieses das Christuskreuz vernichten wolle.»

Buchman, der sich zur Zeit der Nürnberger Parteitage und der Olympischen Spiele in Berlin 1936 in Deutschland befand, bemerkte zu seinem Begleiter: «Es riecht nach Krieg.» Bei einem kurzen Aufenthalt in Amerika anfangs 1936 wurde er in New York von einem Journalisten mit der Frage überfallen: «Kann ein Diktator geändert werden?» Seine ausführliche Antwort, in welcher er ein tiefes Bedauern über die Judenverfolgungen und seinen Glauben an die den Haß heilende Kraft des Kreuzes aussprach, faßte der Journalist willkürlich in dem Satz zusammen, Buchman danke dem Himmel für einen Mann wie Hitler, der einen Schutzwall gegen das Antichristentum des Kommunismus gebaut habe. Buchman verzichtete auf eine öffentliche Widerlegung. Später bemerkte er zu Freunden: «Ich wurde angegriffen, weil ich gesagt hatte: ‹Ein von Gott geführter Diktator könnte die Lage über Nacht ändern.› Das bedeutet keineswegs, daß ich mit diesem Diktator einiggehe. Aber ich werde nie die Möglichkeit der Änderung irgendeines Menschen in Zweifel ziehen.

Es gibt nur zwei Fronten in der Welt – die positive und die negative – Menschen, die Gott gehorchen und solche, die den Gehorsam verweigern. Von der negativen Front geht der faule Atem des Teufels aus – es kann im Kommunismus oder im Faschismus sein oder in dem, was wir heute in Amerika oder England haben. Ich kann zuzeiten selber ein Teil davon sein. Doch die positive Front sind diejenigen, die Gott gehorchen. Es ist mir gleich, wieviel Verfolgung uns bevorsteht, aber wenn wir nicht die messerscharfe Linie einer moralischen Forderung und des Gehorsams zu Gott bewahren, sind wir verloren.»

Das abschließende Urteil über Frank Buchmans Arbeit im «Dritten Reich» spricht Himmlers SS-Bericht («Geheime Kommandosache», 15. Februar 1938, zitiert von Curt Georgi, *Christsein aus Erfahrung,* Gladbeck 1970, S. 70): «Die Oxfordbewegung stellt einen neuen Versuch des internationalen Christentums dar, den Totalitätsanspruch Christi auf allen Lebensgebieten zum Durchbruch zu bringen.»

Moralische Aufrüstung

Im Frühling 1938 weilte Frank Buchman zur Erholung in Freudenstadt. Er erzählte später, wie auf einem Gang durch den Schwarzwald ein neuer explosiver Gedanke in ihm zum Durchbruch kam.

«Die Welt stand am Rande des Chaos. Genau wie heute sehnte sich jedermann nach Frieden und rüstete zum Kriege.

Als ich durch diese stillen Wälder schritt, kam mir immer wieder ein Gedanke: ‹Moral Re-Armament, Moral Re-Armament› – die nächste große geistige Bewegung in der Welt wird eine geistige und moralische Aufrüstung aller Völker sein.»

Auch hier war eine innere Vorbereitung mit einer äußeren Anregung zusammengekommen. Schon lange war Frank Buchman vom Ungenügen vieler seiner Anhänger angesichts der bedrohlichen Weltlage beunruhigt. Die Oxfordgruppen hatten sich mancherorts in fromme Ghettos verwandelt. Das Wohl der Seele hatte die Sorge um die Welt überwuchert.

In Schweden hatte ein bedeutender Dichter und Sozialist, Harry Blomberg, die Botschaft der Oxfordgruppe den Stahlarbeitern von Borlaenge, unter denen er lebte, nahegebracht. Als man ihn um ein Thema für die schwedische Seite der Illustrierten *Steigende Flut* bat, hatte er im Hinblick auf die weltweite Verwendung schwedischen Stahls für die militärische Aufrüstung vorgeschlagen: «Schweden – der Friedensstifter der Nationen. Wir müssen moralisch aufrüsten.»

Im gleichen Jahr, im März 1937, hatte Papst Pius XI. in der Enzyklika *Divini Redemptoris* den Satz geschrieben: «Es geht durch unsere Zeit ein universeller und dringlicher Ruf nach geistiger Aufrüstung – und zwar mit Recht.»

«Moral Re-Armament» ist das Gegenstück zu militärischer Aufrüstung. «Moral» heißt im Englischen nicht «moralisch» sondern «geistig» als Gegenbegriff zu «materiell». Darum sagte man am Anfang immer «moralische und geistige Aufrüstung». Der Kürze halber heißt es nun «Moralische Aufrüstung». Dabei wird das «Moralische» überbetont, was für viele ein Stein des Anstoßes ist – vielleicht aber, angesichts der sittlichen Verwilderung unserer Zeit, ein heilsamer Anstoß.

Wie ein Blitz schlug der neue Name ein, den einen zur Erleuchtung und Erweckung, den andern zum Erschrecken und zum Widerspruch.

Der Durchbruch von Seattle, das Vom-Ganzen-erfaßt-

Sein und das Als-Ganzer-einbezogen-Sein, das im «T-Plan» formelhaft ausgedrückt war, bekam nun seine volle Bedeutung und Auswirkung. Die Tiefe und Weite der Bewegung, die in der Bitte «Dein Wille geschehe – wie im Himmel so auf Erden» angedeutet ist, wird nun zum existentiellen Aufruf.

Es ist ein steiler Sturz aus der Höhe in die Tiefe – ein Sichfallenlassen ins Grundlose, ein Verzicht auf alle Sicherungen, die festzuhalten man sich vorher bemüht hat.

Das Wunder aber, das geschieht, wenn einer sich rückhaltlos in die Welt fallen läßt, ist, daß er in die Hände Gottes fällt, die Hände, die die ganze Welt halten und bewegen. Er lebt dann in einer Welt, wo es nicht nur Gleichgesinnte und Gleichgeartete gibt, mit denen man auszukommen versteht, sondern völlig Andersgesinnte, Andersgeartete – neben den Protestanten die Katholiken, die Moslems, die Buddhisten, die Heiden, die Ungläubigen, neben den Europäern die Amerikaner, Asiaten, Afrikaner, neben den Intellektuellen die Werktätigen, die Industriellen, die Gewerkschaftler, Arbeiter, Arbeitslosen, neben den Privatisierenden die Politiker, Agitatoren, Agenten, neben den anständigen Bürgern die Verbrecher, Hochstapler, Säufer, Süchtigen und Perversen.

Wer in eine solche Welt hineingeworfen ist, kann sich nicht mehr mit den üblichen Regeln und Maßstäben zurechtfinden. Er braucht eine neue Sicht, eine neue Sprache, einen neuen Stil. Diese zu erlangen, verlangt unendliche Geduld und unerschütterlichen Mut. Man wagt es, auf Neuland hinauszutreten, tastet sich durch das Dickicht der Konventionen, der Klischees, der Schlagwörter, gebraucht selber Wörter und Formeln, die sich rasch abnützen. Man kann sich dem Lärm der Massenmedien nicht entziehen, man muß sie in die eigene Hand nehmen, erliegt aber oft ihrer Verführung.

Wer von seiner gesicherten, gefestigten Bürgerlichkeit und Christlichkeit aus diesem Vorgang zuschaut, dem vergehen zuweilen Hören und Sehen. Man schüttelt bedenklich den Kopf. Aber es gibt Dinge, die man nicht sieht, wie sie sind, wenn man abseits steht; man kann eine Bewegung nur verstehen, wenn man selber mitgeht. Wer auf halbem Weg stehen bleibt, kann nicht anders als sich ärgern und die Schuld dem andern zuschieben: «Er übertreibt, er ist zu radikal.» Man hat ein scharfes Auge auf die Fehler und Rückschläge, die dem andern auf seiner waghalsigen Fahrt passieren.

Es war bedeutsam, daß Frank Buchman seine erste große Rede über Moralische Aufrüstung am 29. Mai 1938 im Londoner Rathaus von East Ham, der Wiege der englischen Arbeiterbewegung, hielt. Fortan bleibt Frank Buchman, wo immer er sich aufhält, im engen Kontakt mit der Welt der Arbeit, mit dem Schicksal der Arbeiterschaft. «Gottgeführte Arbeiter werden die Welt einigen», ist seine ständig wiederholte Losung. Ausgehend von der Unruhe und Besorgnis, die im Sommer des Vorkriegsjahres durch die bedrohliche Weltlage entstanden, fragt Frank Buchman, ob es ein Mittel gebe, das den einzelnen wie auch das Volk heilen könne.

Darauf die Antwort:

«Vielleicht liegt das Mittel in einer Rückkehr zu den schlichten, hausbackenen Wahrheiten, die einige von uns auf dem Schoß der Mutter gelernt, dann aber vergessen haben: Ehrlichkeit, Reinheit, Selbstlosigkeit und Liebe.

Im Grunde ist die Krise moralischer Natur. Die Völker müssen moralisch aufrüsten... Wir brauchen eine Kraft, die stark genug ist, die Natur des Menschen zu ändern und Brücken von Mann zu Mann, von Gruppe zu Gruppe zu bauen. Das fängt da an, wo jeder seine eigenen Fehler zugibt, anstatt die der andern ans Licht zu ziehen. Gott allein kann die Natur des Menschen ändern.

Das Geheimnis liegt in der großen vergessenen Wahrheit: Wenn der Mensch horcht, spricht Gott; wenn der Mensch gehorcht, handelt Gott; wenn Menschen sich ändern ändern sich Nationen... Wenn jeder genug liebt und jeder genug gibt, dann bekommt auch jeder genug. In der Welt ist genug, um eines jeden Not, nicht aber genug, um eines jeden Gier zu stillen...

Wenn Arbeiterschaft, Management und Kapital Partner unter Gottes Führung werden, dann wird die Wirtschaft ihren wahren Platz im Leben des Volkes finden...

Wir haben die großen schöpferischen Quellen im Denken Gottes noch nicht erschlossen...»

Das sind Wahrheiten, die durch Schweiß, Blut und Tränen ihren Weg ins Herz der Menschen gefunden haben. Das Wort «Partnerschaft» ist heute in jedermanns Mund. Das Besondere an Frank Buchman ist nicht nur, daß er diese Wahrheiten schon vor dem Krieg so klar ausgedrückt hat, sondern daß er den einzigen Weg zeigt, sie zu verwirklichen, so daß sie nicht in der Luft hängen: die Änderung des einzelnen Menschen.

Auch den bisherigen Mitkämpfern Buchmans gingen sie nur schwer ein. Im gleichen Sommer ging Buchman schonungslos mit den Mitläufern, die auf halbem Wege stehenblieben, ins Gericht. Das geschah in einer Rede, die er in einer zerstörten Kirche der alten Hansastadt Visby auf der Insel Gotland hielt:

«Ich hoffe, einige von Ihnen werden am Ende meiner Rede eine Entscheidung gefällt haben. Wir sind mit verschiedenen Absichten hierhergekommen: erstens in der Hoffnung geändert zu werden – das ist sehr gut, sehr notwendig – zweitens, um zu lernen, wie man andere ändert – auch das ist sehr wichtig.

Die Gefahr aber liegt darin, daß einige von Ihnen dabei stehenbleiben. Ich bin ungemein an einem dritten Punkt interessiert: wie man eine zerfallende Kultur rettet. Aber dann will ich noch ein viertes: Ich will die Millionen der Welt erreichen...

Ich bin weder daran interessiert, noch halte ich es für ausreichend, jetzt eine neue Erweckung auszulösen: Erweckung ist nur eine Ebene des Denkens. Dabei stehenzubleiben, ist minderwertiges Denken. Wenn wir nicht zu etwas Größerem aufrufen, sind wir erledigt.

Die nächste Stufe ist Revolution. Das ist unbequem. Viele Christen mögen dieses Wort nicht. Es erschreckt sie. Sie kriegen eine Gänsehaut. Von dort her stammt ein gut Teil ihrer Kritik – von Gänsehautchristen in einem Lehnstuhlchristentum...

Es gibt ein drittes Stadium – Renaissance. Die Wiedergeburt eines Volkes... Ich weiß, Sie werden sagen: Illusion, Illusion, Illusion...

Manche Leute haben den Gedanken nicht gerne, daß Nationen wiedergeboren oder die Millionen erreicht werden können. Sie machen sich über ein solches Programm lustig, indem sie es ‹Publizität› nennen und als ‹Propaganda› verurteilen...

Sehen Sie sich das Wort ‹Evangelium› an. Evangelium heißt ‹gute Nachricht›. Nachrichten für die Titelseite der Zeitungen...

Ein Kritiker erhob Einspruch. Er prägte ein geistreiches Wort. Seine Kritik wurde eifrig propagiert: Wie Giftgas hat sich das geistreiche Wort dieses Menschen in diesem Lande verbreitet: Es wird Tausende daran hindern, das Entscheidende zu bekommen. Die Leute werden sich in den Gefängniszellen ihrer moralischen Niederlagen einrichten, und man wird nie an sie herankommen. Man wird nie ihr Leben heilen...

Ich werde Ihnen eines versprechen: Ich kehre nicht zurück. Ich kehre nicht zurück, ganz gleich, wer es tut, ganz gleich, was es kostet...

Halten Sie sich einen Augenblick das Kreuz Christi vor Augen, und lassen Sie sich gesagt sein, wenn Sie an diesem großen Kreuzzug teilnehmen, erwartet Sie der Weg des Kreuzes...»

Wenn man den explosiven Ton dieser Rede hört, ahnt man, daß etwas vorausgegangen war und daß Frank Buchman gewisse Leute im Auge hatte.

Vorausgegangen war, daß in Schweden wie in andern Ländern die Gruppenbewegung in der Sackgasse des bloßen Erweckungsdenkens steckengeblieben war und viele sich fürchteten, mit ihrem Glauben vor die Öffentlichkeit zu treten. Bekümmert um ihr eigenes Heil, hatten sie die Welt aus den Augen verloren. Sie wurden in der Angst sich zu exponieren durch den giftigen kleinen Satz einer schwedischen Journalistin bestärkt: «Wozu all diese Publizität im amerikanischen Stil? Gute Taten tragen ihren stillen Lohn in sich selbst. (Why, indeed, make all

136

this American-style publicity? Good work has its own quiet reward.)» Buchman sah, welche Verheerungen dieses «geistreiche Wort» im ganzen Land angerichtet hatte. In einer schlaflosen Nacht erinnerte er sich an die Nacht in Cambridge, da er den Ruf zum Neubau der Welt nach schwerem Kampf angenommen hatte. Er beschloß, zum Angriff überzugehen. So entstand die Visby-Rede.

Unter den Zuhörern war die junge Journalistin. Man begreift, daß sie fluchtartig den Ort verließ. Von Stockholm aus schrieb sie Buchman: «Es tut mir leid, daß ich Visby verließ, ohne von Ihnen Abschied zu nehmen. Sie werden mit Recht denken, daß ich ein Feigling bin und einer für mich mißlichen Situation, die sich aus meinem Artikel über Sie ergeben hatte, aus dem Wege gehen wollte. Es ist mir bewußt, daß es nicht recht war wegzulaufen, und ich möchte Ihnen danken für Ihre große Güte und Gastfreundschaft…» Buchman antwortete: «Ich bewundere den Geist, der Sie zu Ihrer raschen Antwort antrieb. Private Gutmachung ist empfehlenswert. Aber öffentliche Wiedergutmachung kann nicht umgangen werden, wenn eine große Sache öffentlich geschädigt wurde. Persönlich hege ich keinen Groll, doch ich brenne für eine Sache – eine Sache, die große Befreiung bringen kann, und, wie ich glaube, bringen wird. Ich glaube auch, daß Sie durch eine mutige Tat zur Aufklärung Ihrer Nation beitragen können.

Ich denke an das, was Sie am Schluß Ihres Briefes über das Kreuz Christi bemerken. Was immer Sie über mich sagen, ist nebensächlich. Aber ich bin gewiß, daß Sie den Leuten, die unter Ihrem Einfluß stehen und die ein neues Leben begonnen haben, nicht schaden wollen. Was mir einzig am Herzen liegt, ist den Menschen dazu zu bringen, der zu werden, der er sein möchte.»

Man sieht an dieser Rede und an diesem Brief, was Buchman sich unter dem Wort «Propaganda» dachte. Er sah es in seinem ursprünglichen Sinn. Es stammt von einer kirchlichen Institution «De Propaganda Fide» und bedeutet: Von der Verbreitung des Glaubens.

Heute, da man von Propaganda, auch von kirchlicher Seite, überschüttet wird, könnte man an Buchmans Art der Propaganda, vor allem an der Illustrierten *Steigende Flut* ein Beispiel nehmen. Buchman verwandte eine solche Sorgfalt auf die Herausgabe dieser Publikation, daß er längere Zeit in Zürich weilte, um jedes Wort der deutschen Übersetzung zu überwachen. Das war die letzte Arbeit, die er vor dem Krieg und seiner Abreise nach Amerika in Europa vollendete.

Im Herbst 1938 fand in Interlaken die erste Weltkonferenz für Moralische Aufrüstung statt. Es schien damals, als stünde der Krieg unmittelbar bevor.

Frank Buchman hielt hier einige seiner bedeutendsten Reden. Jede von ihnen erwuchs aus einer bestimmten historischen Situation. Ein Mann, der die Schrift an der Wand las, übersetzte sie für die Zeitgenossen als die Herausforderung der geschichtlichen Stunde.

Es ist auffallend, daß er, der nur ein- oder zweimal im Jahr sprach, in diesem Jahr zwölf große Reden hielt.

Am 2. September wies er auf die Wolken, die über dem Gipfel der Alpen hingen: «Was wird die Wolken, die in diesen schicksalsschweren Tagen drohend über dem Gipfel der Jungfrau hängen, vertreiben?...

Was ist das Besondere an der Darbietung der Wahrheit,

wodurch die Oxfordgruppe in vielen Ländern so wirksam wurde? Sie geht an die Wurzel des Problems: die Änderung des Herzens.

Wir haben uns die schwere Aufgabe gesetzt zu versuchen, den täglich wachsenden Schaden, den Bitternis und Furcht anrichten, zu beseitigen. Die Umstände sind scheinbar gegen uns, aber genauso wie einzelne Menschen aus den Gefängniszellen des Zweifelns und Versagens befreit werden können, so ist es auch den Völkern möglich, aus den Gefängniszellen der Angst, der Verbitterung, des Neides und der Depression befreit zu werden, häufig durch einen erleuchteten Menschen, einen gewaltigen Propheten. Wie oft hat sich das in der Geschichte bewahrheitet! Wenn das für den einzelnen Menschen gilt, was kann dann geschehen, wenn eine Gruppe von Menschen in jedem Volk solche Erleuchtung in die Tat umsetzt und eine neue öffentliche Meinung schafft?»

Frank Buchman sprach von der Atmosphäre der Angst, in der die Welt lebte. Die Unruhe war auch in ihm. Er sah gequält aus, als ob ein untragbarer Druck auf ihm lastete. Aber in einer der folgenden Nächte ging ihm ein Licht auf. Er sagte am Morgen seinen Freunden, es sei eine Last von seinem Herzen gefallen.

Das Ergebnis war die prophetische Rede, deren Titel einem Donnerschlag glich:

Guidance or guns – Führung oder Kanonen

«Die Welt steht am Scheideweg. Sie hat die Wahl zwischen Gottes Führung und Kanonen... Es ist ein vergessener Faktor in der heutigen Weltpolitik, auf Führung zu hören. Dabei werden in einigen Ländern noch heute die Gesetze – so steht es wenigstens in den Verfassungen – ‹unter göttlicher Führung› gemacht. Nehmen wir einmal an, jeder einzelne wäre unter Gottes Führung moralisch gerüstet. Was für eine Kraft würde das für die ganze Welt bedeuten...

Die Kraft des Geistes ist immer noch die stärkste Macht in der Welt.»

Es ging eine solche Gewalt von Frank Buchmans Worten aus, daß viele Zuhörer tief erschüttert waren. Es war, wie wenn man in eine neue Dimension der Geschichte durchgebrochen wäre.

Die letzte Rede in Interlaken trug den Titel:

Menschheit am Scheideweg

Sie begann mit den Worten:

«Heute morgen sah ich die Sonne über der Jungfrau aufgehen und die Alpen im Lichte des neuen Tages erglänzen. Wird es Gottes Licht eines neuen Tages für Europa und die Welt sein, oder wird es das verblassende Licht einer zum Untergang verdammten Zivilisation sein? Die Welt steht vor dieser historischen Entscheidung.»

Die Konferenz in Interlaken wurde für viele in ihrer unerbittlichen Sachlichkeit eine erschreckende Demonstration des neuen Stils. Es gab solche, die, nachdem sie Buchman reden hörten, murrten, so wie es vor zweitausend Jahren geschah: «Das ist eine harte Rede, wer kann sie hören?» Und wie damals gab es manche, die «hinter sich gingen und hinfort nicht mehr mitwandelten».

Frank Buchman hatte in diesen Monaten noch oft Gelegenheit, seine warnende, in die Zukunft weisende Stimme zu erheben. Aber es gab auch andere, die, von seinem Geiste angesteckt, mutig an die Öffentlichkeit traten. Am Jahrestag des Waffenstillstandes nach dem

Ersten Weltkrieg, am 11. November 1938, veröffentlichte die *Times* einen Brief des Earl of Athlone und anderer führender Engländer, in dem es unter anderem heißt: «Die Stärke eines Volkes zeigt sich in dem Mut, mit dem es eigene Fehler zugibt. Der Ruhm eines Volkes liegt darin, daß es eine schöpferische Botschaft für die Welt hat. Dafür brauchen wir nicht nur ein von Gott erleuchtetes staatsmännisches Verhalten, sondern tägliche Inspiration in Büro, Werkstatt und Familie. Wir müßen lernen, die christlichen Maßstäbe der Ehrlichkeit, Reinheit und Liebe praktisch auf unser Verhalten anzuwenden und die Erfüllung von Gottes Willen zum Prüfstein im öffentlichen und privaten Leben zu machen...

Die Wunderkraft des lebendigen Geistes Gottes kann die Macht von Stolz und Selbstsucht, Lust, Angst und Haß brechen, denn die Kraft des Geistes ist die stärkste Kraft der Welt...»

Am 4. März 1938 fuhr Frank Buchman für einen mehrmonatigen Aufenthalt nach Amerika. Es wurden daraus sieben Jahre.

Als er in New York ankam, schien es, als lande er auf einem andern Planeten.

«Amerika weiß nicht, was es heißt, den Krieg im eigenen Hinterhof zu haben», sagte er seinen Freunden, «London weiß es. Der Park von St. James ist von Schützengräben durchfurcht. Ihr sprecht von Frieden, aber es ist ein selbstsüchtiger Frieden – kein Kampf, um die Nation auf die Füße zu bringen. Ich wachte heute auf mit dem Gedanken, daß diese Botschaft über das ganze Land laufen sollte. Das wird mehr von uns verlangen, als wir jetzt schon denken.»

Drei entschlossene New Yorker Damen mieteten Madison Square Garden für eine große Kundgebung. Anfangs April strömten 14000 Menschen in die Riesenhalle, angeführt von Dudelsackpfeifern, an deren Spitze der hochgewachsene Schotte Loudon Hamilton marschierte. Drei Wochen später fand eine gleiche Kundgebung in der Constitution Hall in Washington statt, an welcher ein noch wenig bekannter Senator, Harry Truman, eine Botschaft von Präsident Roosevelt vorlas. Die größte Kundgebung füllte im Juli die Hollywood Bowl in Los Angeles mit 30000 Menschen bis zum Rand, während Zehntausende fortgeschickt werden mußten. Vier Strahlenbündel stiegen aus der riesigen Arena in den nächtlichen Himmel auf als Zeichen für die vier absoluten moralischen Maßstäbe.

Buchman hatte seine Mitarbeiter für diesen Anlaß mit unmißverständlicher Schärfe vorbereitet:

«Amerika lebt unverantwortlich, für den eigenen Komfort. Niemand ist sich der drohenden Gefahr bewußt. Wir haben eine ungeheure Aufgabe vor uns. Man wird uns nicht verstehen. Es ist, als ob die Pferde an einem Pfosten angebunden wären, und wenn man sie antreibt, kommen sie nicht davon los. Wenn ihr euch fürchtet vor dem, was gewisse Leute von euch denken, seid ihr verloren.»

In Anlehnung an sein Lieblingskapitel – Römer 12 – sprach er dann von den Anpassern (conformers) und Umwandlern (transformers):

«Die Konformer werden alles verderben. Die Transformer werden die Welt ändern. Denkt an eine Kirche auf dem Marsch – eine Nation auf dem Marsch. Das Schlimme ist, daß die meisten Amerikaner nicht mit andern auf dem Marsch sein wollen. Jeder will eine private Parade für sich selber haben.

Manche von euch müssen auf den gewohnten Komfort verzichten. Das ist unumgänglich notwendig, wenn ihr die Nation wecken wollt.»

Unterdessen war in Europa der Sturm losgebrochen. Hitlers Bomber griffen Polen an und legten eine Stadt um die andere in Trümmer.

Ende August hatte Frank Buchman eine Reihe von Weltrundfunksendungen begonnen. Die erste trug den Titel «Der vergessene Faktor». In der letzten zitierte er

an seinem Geburtstag, dem 4. Juni 1940, William Penn:
«Die Menschen müssen sich entscheiden, sich von Gott
regieren zu lassen, oder sie verdammen sich, von Tyrannen beherrscht zu werden.»

Und Lincoln:

«Ohne meinen Glauben an eine alles lenkende Vorsehung wäre es schwer für mich, inmitten solcher Schwierigkeiten in der Politik meine Vernunft zu behalten. Ich habe
so viele Beweise der Führung Gottes erlebt, daß ich nicht
daran zweifeln kann, daß diese Kraft von oben kommt.
Ich bin überzeugt, wenn der Allmächtige will, daß ich
etwas Bestimmtes tue oder lasse, findet er auch einen
Weg, es mich wissen zu lassen.»

Und das Gelöbnis der Unabhängigkeitserklärung: «Im
festen Vertrauen auf den Schutz der göttlichen Vorsehung
setzen wir füreinander unser Leben, unser Vermögen und
unsere heilige Ehre ein.»

Nach dem Historiker Arnold Toynbee geht die Weltgeschichte ihren Gang im Wechsel von Rückzug aus der Welt und Rückkehr zur Welt.

Angesichts des Zusammenbruchs Frankreichs unter den deutschen Stukas war in Frank Buchman der Gedanke wachgeworden, daß die Arbeit aus der Weite in die Tiefe gehen sollte.

Im Frühling 1940 zog sich Buchman mit seinen engsten Mitarbeitern in die Einsamkeit zurück. Am Tahoe-See, mehr als 1000 m ü. M., an der Grenze von Kalifornien und Nevada, bezogen sie das kleine Holzhaus, das vom Besitzer zur Verfügung gestellt worden war. Es bot nur wenig Raum. In dieser fast klösterlichen Abgeschiedenheit begann eine Periode des engeren Zusammenlebens und Zusammenarbeitens.

Das Nomadendasein, das im Lärm der Großstädte von Hotel zu Hotel führte, war einer Zeit der Stille und Ruhe gewichen. Man lebte in einem gemeinsamen Haushalt. Man kochte selber. Jeder nahm an den kleinen Besorgungen des Alltags teil. Dann traf man sich wieder zu gemeinsamen Besprechungen, die unter offenem Himmel am See gehalten wurden.

Eine merkwürdige Anziehungskraft ging von dieser kleinen Schar aus. Immer mehr Menschen kamen von weit her und schlossen sich an. Man mußte in der ganzen

Gegend Unterkünfte suchen. Zelte wurden gebaut. Ein ehemaliger Alkoholschmuggler, den Buchmans prophetisches Feuer entzündet hatte, überließ ihm sein leeres Kasino am See. Man tat das Unmögliche, um für alle neu Hinzukommenden ein Nachtlager zu finden.

Der Sommer in Tahoe gab der Mannschaft von Buchmans Mitarbeitern eine neue Struktur. Alle Lebensgebiete wurden einbezogen. Jeder fand seinen Platz – der Geschäftsmann, der Arbeiter, die Hausfrau. Annie Jaeger, die Mutter Bill Jaegers, der durch seinen Kampf um eine neue Gesellschaftsordnung mit den Arbeiterführern der ganzen Welt in Berührung kam, war mit ihrem realistischen Sinn und warmen Herzen um die Einheit der Familien, um das gemeinsame Leben von Mann und Frau besorgt. Sie sah sofort, wenn Differenzen entstanden und ließ keine Ruhe, bis sie gelöst wurden. Sie lehrte die Mannschaft ihr Lieblingslied singen:

> My faith looks up to Thee,
> Thou Lamb of Calvary,
> Saviour divine...

Auch Frank Buchman führte seine Freunde zu den tiefsten Quellen seines Glaubens: Lieblingsstellen aus dem Alten und Neuen Testament, Lieder, die zum verborgenen Schatz der Mannschaft wurden: Charles Wesleys «Jesus, lover of my soul» mit den zwei Versen, die für Frank Buchman das Schönste der englischen Literatur waren:

Let the healing streams abound,
Make and keep me pure within...

(Laß die heilenden Ströme überfließen, mach und bewahr
mich rein tiefinnen...)

Rock of ages, cleft for me... mit der Strophe:

> Nothing in my hand I bring,
> Simply to Thy Cross I cling;
> Naked, come to Thee for dress;
> Helpless, look to Thee for grace;
> Foul, I to the fountain fly;
> Wash me, Saviour, or I die.

(Nichts in meiner Hand ich bringe / Nur an Deinem
Kreuz mich halte / Nackt komm ich zu Dir für Kleidung /
Hilflos schau ich aus nach Deiner Gnade / Unrein flieh
ich hin zur Quelle / Wasch, Erlöser, mich, sonst muß ich
sterben...)

Einer der dabei war, sammelte die Lieder, Bibelverse,
Sprüche und Formeln, die Frank Buchman immer und
immer wiederholte, in einem roten Büchlein, das lange vor
Maos Rotem Büchlein erschien und das sozusagen den
Inbegriff von Buchmans untheologischer Theologie wie-
dergibt. Bemerkenswert ist neben dem 12. Kapitel des
Römerbriefes vor allem der Vers 20 im 3. Kapitel des
Epheserbriefes, der zu vielen Fragen Anlaß gibt: Warum
ausgerechnet dieser Vers? Wie hat ihn Buchman ausge-
legt? Was bedeutet er für ihn? Was sagt er uns heute?

Er lautet in der englischen Übersetzung, die Buchman zitiert:

«Now to Him who is able to do exceeding abundantly above all that we ask or think, through the power that worketh in us, to Him be glory in the church by Christ Jesus throughout all ages, world without end.»

In Luthers Übersetzung:

«Dem aber, der überschwenglich tun kann über alles, was wir bitten oder verstehen, nach der Kraft, die in uns wirkt, dem sei Ehre in der Gemeinde und in Christus Jesus zu aller Zeit, von Ewigkeit zu Ewigkeit! Amen.»

In der Zürcherbibel:

«Dem aber, der über alles in noch weit höherem Maße zu tun vermag, als wir bitten und verstehn, nach der Kraft, die in uns wirkt, ihm gebührt die Ehre in der Gemeinde und in Christus Jesus bis zu allen Geschlechtern von Ewigkeit zu Ewigkeit! Amen.»

Was dieser Vers für Frank Buchman bedeutete, zeigt sich an der Art, wie er ihn bei besonderen Gelegenheiten an die Wandtafel ausschrieb:

God through Christ is able to do for you

all that you ask or think –
above all that you ask or think –
abundantly above all that you ask or think –
exceeding abundantly above all that you ask or think!

Durch diese graphische Darstellung wird deutlich, wie Buchman als Leser einen Text in Bewegung verwandelt, in eine Bewegung, die immer eindringlicher auf das *eine* ausgeht: die überfließende, alle Grenzen des Verstehens und Verlangens überschreitende Fülle des göttlichen Wirkens. Was das für uns bedeutet, ist klar: In einer Zeit, da Nietzsche, von Marx und Freud flankiert, lautstark sein «Gott ist tot» in die Welt hinausruft und den Glauben als ein Erzeugnis der Schwäche und der Ohnmacht des Menschen erklärt, klingt die Botschaft, daß Gott nicht ein Gott des Mangels, sondern der Fülle, des «vollen Genügens», ja des «überschwenglichen Tuns» ist, wie ein Signal für eine neue Zeit schöpferischer Erkenntnis. Wollte man den theologischen Ort Frank Buchmans bestimmen, so müßte man auf das hinweisen, was Karl Barth in seinen letzten Jahren immer dringlicher erwartete: eine «Theologie des Heiligen Geistes». Im Blick auf Buchmans Wirklichkeitssinn müßte man genauer von einer «Praxis des Heiligen Geistes» sprechen. Dafür sprechen auch die vier Vorwörter, die er dem obigen Vers beifügt: – *in* you, *by* you, *for* you, *through* you; da ist das Innen und Außen wieder beieinander wie bei Moodys Spruch auf Prof. Wrights Wandtafel – das «*in* dir» des innewohnenden Geistes wird durch das «*durch* dich» zur äußeren Tat, das von Gott herkommende «*für* dich» bleibt nicht im Inneren aufbewahrt, sondern geht «*durch* dich *hindurch*» zum Mitmenschen. Frank Buchman hat sich diese vier Vorwörter so zu eigen gemacht, daß sie immer wieder in den eindringlichen Schlußworten seiner Reden erklingen. Sie zeigen, daß die «Praxis des Heiligen Geistes» nichts Weltfremdes, Mystisches ist, sondern eine «Einübung ins Christentum», die im Gewohnten des Alltags jederzeit das Aufblühen des Ungewohnten erwartet.

In einem solchen Zusammenleben sprangen alle schöpferischen Quellen auf. Neue Lieder entstanden. Ein

Geburtstags-Sketch regte den ehemaligen Dozenten von Oxford, Alan Thornhill, an, ein Theaterstück zu schreiben. Den ersten Akt las er seinem Zimmerkameraden Bunny Austin, dem Tennischampion, vor. Von ihm ermutigt, schrieb er am folgenden Tag den Schluß. Es war die erste Fassung des *Vergessenen Faktors,* der in der Folgezeit eine weltweite Resonanz bekam.

In diesem Drama tritt der enge Kontakt mit der Welt der Arbeit hervor, der für Buchman und seine Mitarbeiter zur täglichen Erfahrung geworden war.

Der mächtige Gewerkschaftsführer John Riffe war mit seiner Familie zu einem Besuch nach Tahoe gekommen.

Bei Tisch fielen ihm die zwei Mädchen auf, die das Essen servierten.

«Wer sind sie?» fragte John.

«Bill Mannings Töchter.» (Bill Manning war der Besitzer einer Kette von Restaurants an der Ostküste.)

«Was?» schrie Riffe. «Meine Gewerkschaft ist daran, durch einen Streik sein Geschäft lahmzulegen.»

Er hatte das Gefühl, in eine Falle geraten zu sein. Am andern Morgen ging er mit einem der Brüder Manning fischen. Sie kamen mit magerer Beute heim, doch unter ihnen hatte sich ein ganz neues Vertrauen angebahnt.

In der folgenden Woche löste John Riffe durch seine neue Einstellung einen langandauernden Streik in der Metallindustrie.

Je mehr sich die Mannschaft Frank Buchmans innerlich zusammenschloß, um so mehr ging ihr Blick in die Weite. Amerika stand immer noch Gewehr bei Fuß, begann sich aber mehr und mehr auf den Krieg vorzubereiten.

Aus der Zusammenarbeit am Tahoe-See entstand das

150

kleine Büchlein *You can defend America* (Ihr könnt Amerika verteidigen). Einen Hauptanteil daran hatte zusammen mit anderen der junge Akademiker aus Oxford, Morris Martin, der seine ganze Kraft als Frank Buchmans Sekretär in den Dienst dieser Revolution stellte. Das Büchlein, das in Millionen von Exemplaren verbreitet die Grundlage zu einer zündenden Revue wurde, hatte als Einführung ein Vorwort von General Pershing, in welchem er sagte: «Kein Patriot kann dieses kleine Buch lesen, ohne den Geist zu spüren, der es inspiriert hat.»

Es wurde der Anlaß zu einem neuen Großangriff, der Buchman und seine Mannschaft aus der Stille von Tahoe in den Wirbel der amerikanischen Kriegsvorbereitungen warf. Eine ungeheure Aufgabe stand bevor. Amerika richtete sich auf bloße Defensive ein. Das schuf eine passive Haltung, die die Kräfte der Nation brachliegen ließ. Nun galt es, durch einen schöpferischen Schock das Passive in Aktives umzuwandeln.

Die Mannschaft war zur Schauspielertruppe geworden. Sie zog von Stadt zu Stadt, überall offiziell eingeladen. Vor überfüllten Häusern spielte sie mit immer neuem Schwung das vaterländische Schauspiel mit der Losung:

> Gesunde Familien,
>
> Mannschaftsarbeit in der Industrie,
>
> eine geeinte Nation.

Von den mitreißenden Liedern entzündet, ging die Revue wie ein Lauffeuer über das ganze Land und schlug in Zehntausende von Herzen ein.

Der Empfang war aber nicht überall der gleiche. Es war leicht zu sehen, daß an manchen Orten negative Kräfte die Aufführung verhindern oder stören wollten. Doch die

Truppe scheute den Kampf nicht. Immer deutlicher zeichnete sich die Front ab. Der Materialismus von links und rechts, der durch moralische Zerrüttung des Volkes zur Macht gelangen wollte, trat immer unverhüllter zutage.

Der Kampf brach im großen los, als nach dem japanischen Angriff auf Pearl Harbour, am 7. Dezember 1941, Amerika in den Krieg eintrat. Im Augenblick, da die Männer mobilisiert wurden, erhob sich die Frage, ob auch die Mannschaft Frank Buchmans einrücken müsse oder ob für sie die Ausnahmebestimmung Geltung habe, die gewisse Kategorien von Männern, die für die nationale Wohlfahrt wichtig waren, vom Dienst dispensierte.

Die Gegner benutzten den Anlaß, um der Moralischen Aufrüstung einen vernichtenden Schlag zu versetzen. Eine Verleumdungskampagne hub an. Sie stützte sich auf einen ähnlichen Konflikt, der in England ausgefochten worden war. Gewisse Aussprüche Buchmans, die aus dem Zusammenhang herausgerissen ein verzerrtes Bild ergaben, dienten als vergiftete Waffen.

Unerschütterlich hielt Frank Buchmans Glaube diesem Sturm stand. Nichts wäre näher gelegen, als sich von der patriotischen Welle mitreißen zu lassen. Aber er behielt das höhere Ziel im Auge. Er war felsenfest überzeugt, daß das moralische Rückgrat und die Einheit im Innern des Landes die Basis für den Kampf an der Front war. So führte er allen Anfeindungen zum Trotz den Kampf um die Befreiung seiner wichtigsten Mitarbeiter vom Militärdienst.

Wenn auch Buchmans Feinde ununterbrochen – auch in Amerika – an der Arbeit waren, um sein Werk zu unterhöhlen, so erwuchsen ihm unerwartet neue mächtige

Verteidiger. Der bestbezahlte und meistgefürchtete Mitarbeiter Lord Beaverbrooks am Londoner *Daily Express*, Peter Howard, hatte den Auftrag bekommen, die Hintergründe der vielbesprochenen «Moralischen Aufrüstung» aufzudecken. Aber das Unerwartete geschah. Von der Haltung dieser Leute beeindruckt, wagte Peter Howard, auf die innere Stimme zu hören, obwohl er nicht an Gott glaubte. Sein Leben wandelte sich von Grund auf. Als er es unternahm, in einem Buch *Innocent Men* (Schuldlose Männer) seine neuen Freunde zu verteidigen, wurde er vom stellvertretenden Generaldirektor des *Daily Express* vor die Wahl gestellt, sein Buch in der Schublade verschwinden zu lassen oder seinen Abschied zu nehmen. Er entschied sich für den Schritt ins Leere. So fand Frank Buchman einen seiner geistesstärksten Kampfgenossen.

Eine andere Stimme, die sich für die angefochtene Bewegung erhob, war diejenige der Frau eines Generals, der vielgeliebten Romanschriftstellerin Daphne du Maurier. In einem weitverbreiteten Paperback *Come Wind, Come Weather* erzählte sie die abenteuerlichen Geschichten von Menschen, die ein neues explosives Leben gefunden hatten. Die Widmung des Buches lautete: «Einem Amerikaner zugeeignet, Dr. Frank N. D. Buchman, der durch seine Inspiration die Arbeit der Helden dieser Geschichten möglich machte. Was durch sie, die überall Männern und Frauen helfen, ihre Probleme zu lösen und sie für das, was bevorsteht, vorzubereiten, im Lande geschieht, wird sich in kommenden Tagen von nationaler Bedeutung erweisen.»

Es war vielleicht eine Folge dieser schweren Kämpfe und des Abfalls einiger Freunde, die damals an Frank Buchman irre wurden, daß seine Kräfte plötzlich nachgaben und ein schwerer Herzanfall ihn an den Rand des Todes brachte. Das geschah im November 1942 in Saratoga Springs, wohin er sich «für ein paar Tage» zur Erholung zurückgezogen hatte. Als er von den Ärzten schon aufgegeben war und tagelang vollständig gelähmt und bewußtlos dalag, ging eine große Erschütterung durch die weltweite Familie. Trotz den durch den Krieg geschlossenen Grenzen trafen Botschaften von überall her ein. Es wurde allen jählings bewußt, was Frank Buchman für sie bedeutete.

Den nächsten Mitarbeitern stand die Frage riesengroß vor Augen: «Was soll nun werden? Wer führt die Arbeit weiter?» Jeder der sechs Männer, die an Buchmans Krankenlager standen, hatte sein ganzes Leben auf dieses Abenteuer hin in die Waagschale geworfen. Jeder war in den jahrelangen Kämpfen erstarkt und wäre imstande gewesen, die Führung zu übernehmen.

In diesem Augenblick brach in allen die Erkenntnis durch, die Buchman früher zum Ausdruck gebracht hatte: «Viele warten darauf, daß ein großer Führer auftrete. Wir aber glauben, daß wir nicht einen einzelnen Menschen als Führer brauchen, sondern eine Gruppe von Menschen, die gelernt haben, unter Gottes Lenkung zusammenzuarbeiten.»

Jetzt wurde Buchmans Ausspruch Wirklichkeit. Die engere Mannschaft schloß sich auf ganz neue Weise zusammen. Jeder war bereit, sich noch völliger für das gemeinsame Ziel einzusetzen und williger denn je die Führerschaft des andern anzunehmen. So wurde eine neue Grundlage für die weitere Entwicklung geschaffen, von der aus seither neue, starke Impulse und Inspirationen ausgingen.

Mittlerweile hatte sich das Wunder ereignet, und Frank Buchman kam langsam wieder zu sich. Aus tiefer Bewußtlosigkeit hörte man ihn die Namen seiner weithin verstreuten Freunde flüstern. Es folgten Monate langsamer Erholung. Auch als er aufstehen konnte, blieb er für immer gehbehindert. Seine rechte Hand war nie mehr zu gebrauchen. Er mußte viel liegen und brauchte ständige Pflege. Aber sein Geist war ungebrochen.

Unterdessen waren die Angriffe gegen ihn und seine Mannschaft immer heftiger geworden. Eines Tages – am 4. Januar 1943 – erschien auf der Titelseite des *New York World Telegram* eine wilde Attacke gegen die Männer in Washington, die durch ihren Einfluß die «Drückebergerei» der Mitarbeiter Buchmans ermöglichten. Der Artikel war so perfid, daß man zuerst nicht wagte, ihn Buchman, der noch immer schonungsbedürftig im Bette lag, zu zeigen. Als man dann doch nicht darum herum kam, schaute er ruhig das ganze durch und sagte: «Na! Schließlich haben wir doch einmal die Titelseite gewonnen.» Dann besah er sich die Bilder der angeschuldigten Männer, unter denen Senator Truman, Admiral Byrd und andere

Respektspersonen waren, und bemerkte: «Das ist ein Team, auf das ich allerdings stolz sein kann.»

Obgleich die Männer in Washington festblieben, brachten es die Angreifer doch dazu, daß zweiundzwanzig der besten Mitarbeiter Buchmans einberufen wurden.

Buchman bekam die Nachricht, als er noch sehr geschwächt in seinem Zimmer in Saratoga lag. Er sagte: «Ich wäre dumm, wenn ich nicht sähe, was das bedeutet. Ich hasse es wie die Sünde, diese Männer zu verlieren, doch nun müssen andere ihre Hemdsärmel aufkrempeln.» Mit der linken Hand – zum ersten Mal seit seinem Schlaganfall – schrieb er die Worte: «Ändern – einigen – kämpfen! Vielleicht ist mein Kämpfen vorbei – wenigstens für sechs Monate. Es wird für euch eine Reifezeit bedeuten. Nun ist es an euch!»

Zum Fenster hinausschauend, fügte er hinzu: «Wie schön ist's da draußen. Das ist alles, was ich noch habe – drei oder vier Meilen. Aber ich nehme es an. Was auch kommen mag, Sturm oder Friede, man muß es annehmen. Es ist eine verdrehte Welt, aber es wird noch schlimmer kommen.» Dann drehte er sich zu dem engen Kreis seiner nächsten Mitkämpfer, die sich um ihn versammelt hatten, um über den Verlust an Arbeitskräften zu beraten, und fing an zu beten: «Vater! Diese Menschen werden in die weite Welt hinausgehen. Mögen sie imstande sein, eine Gruppe gleichdenkender Menschen zusammenzuführen. Halte dieses alte Land zusammen. Du hast bessere Gedanken dafür als wir. Führe und beschütze uns, bewahre uns vor Gefahr an Leib und Seele durch Jesus Christus.» Beim Abschied sagte er: «Ich möchte mit euch kommen. Es wird eine große Schlacht werden.»

Nun war keine Rede mehr davon, mit der Revue *You can defend America* weiterzuspielen. Aber der Funke sprang über auf andere Länder: im Nachbarland *Pull together, Canada,* in Europa *Battle together for Britain,* sogar im Fernen Südosten *Fight on, Australia.* Aus Norwegen sandte Hambro sein Buch *Wie man den Frieden gewinnt.* Buchman schrieb an Frau Hambro: «Wir sind in den Süden zur Erholung gekommen. Der warme Balsam des Sommers umgibt uns… Es bringt uns den ewigen Wahrheiten näher – das einzig Wichtige. Es gibt so vieles zu lernen, wofür wir nie Zeit hatten. Durch die Krankheit haben wir mehr Zeit gefunden.

> Thou, o Christ, art all I want;
> More than all in Thee I find.
> Raise the fallen, cheer the faint,
> Heal the sick, and lead the blind.
> Just and Holy is Thy Name:
> I am all unrighteousness;
> False and full of sin I am,
> Thou art full of truth and grace.

(Du, o Christus, bist alles, was ich will/Mehr als in allem finde ich in Dir/Hilf auf dem Gefallenen, erquicke den Ohnmächtigen/Heile den Kranken und führe den Blinden/Gerecht und heilig ist Dein Name/Ich bin voll Verkehrtheit, falsch bin ich und voll Sünde/Du bist voll von Wahrheit und Gnade.)

Diese Zeilen kommen aus großer, lebenspendender Erfahrung. Ich denke an all die guten Zeiten, die wir zusammen hatten. Werden sie je wieder zurückkommen? Diese Tage in Interlaken mit Ihnen und Carl und Ihrer Tochter, und in Genf, mit allem, was Sie und Carl möglich machten. Wie sind Sie durch Gottes Gnade beschützt worden. Ihr Leben ist wunderbar bewahrt geblieben, damit Sie Ihr gutes Werk weiter tun können. Seien Sie versichert, daß ich mit Ihnen und Ihren Lieben weiter in Gottes liebender Fürsorge und Bewahrung verbunden bleibe.»

Als Antwort kam die Kunde von ihrem plötzlichen Tod, mit Hambros Zeilen: «Gudrun liebte Sie von Herzen, und Sie waren oft in ihren Gedanken. Sie war innig dankbar für alles, was Sie ihr und uns gegeben haben. So auch ich.»

In diesen Monaten des Leidens und der Schwäche hatte Frank Buchman neue Erfahrungen gemacht, die er im Laufe des Sommers in Mackinac, wo seit 1942 Konferenzen für Moralische Aufrüstung stattfanden, weitergeben konnte. Bevor er den Süden verließ, gab er seinen Freunden folgende Gedanken weiter:

«Es ist ein erstaunliches Jahr gewesen. Ich fühle, daß Gott einen großen Plan für die Zukunft hat. Ich gehe vorwärts mit der Gewißheit, daß noch Größeres kommen wird. Wir müssen uns dafür vorbereiten. Mein Anteil ist, daß ich mir über nichts Sorgen mache. Ich gehe am Abend ins Bett. Ich schlafe. Ich wache am Morgen auf. Heute morgen war ich schon um drei Uhr dreißig wach – der Zeit, da ich geboren wurde. Neue Dinge sind wichtig geworden. Dinge, die ich als wichtig erachtete, sind es nicht mehr. Der Herr im Himmel gab mir eine Thrombose, damit ich lerne, ruhiger zu gehen. Ich danke ihm für die letzten sechs Monate und die kommenden. Es ist wunderbar, wieder gesund zu sein, aber vielleicht muß ich mich noch mehr ändern, wenn ich an die Arbeit gehe. Doch sollte ich mein Leben wieder leben können, so will ich nur die Dinge tun, die wesentlich sind.»

DAS HAUS AUF DER INSEL –
DAS HAUS AUF DEM BERGE

Das Haus auf der Insel

Als sich Frank Buchman mit der Truppe von *You can defend America* in Detroit befunden hatte, war er Gast von Henry Ford in Dearborn gewesen. Anläßlich einer Feier zu seinem 65. Geburtstag sah Frau Ford mit Besorgnis, wie müde er aussah. Sie riet ihm, zur Erholung auf die kühle Insel Mackinac (sprich Mäkino) im Eriesee zu reisen. Sie sprach selber mit dem Besitzer des «Grand Hotel» über Buchmans Unterkunft. Sie ahnte nicht, daß sie mit ihrer Sorge um seine Gesundheit eine neue Grundlage für Buchmans späteres Werk in Amerika und in der ganzen Welt geschaffen hatte.

Schon im gleichen Sommer 1942 fand in Mackinac die erste Weltkonferenz für moralische und geistige Aufrüstung statt.

Aus Dankbarkeit für die selbstlose Arbeit im Dienste

des Landes wurde Buchman und seinen Leuten vom Staate Michigan ein großes Hotel, das «Island House», auf der Insel Mackinac angeboten. Die Miete kostete einen symbolischen Dollar pro Jahr. Das große weiße Haus mit der klassischen Säulenvorhalle, das weithin über die blauen Fluten des Sees leuchtet, war infolge des Krieges schon seit längerer Zeit leer und verwahrlost. Es mußte manches neu instand gesetzt werden. Man konnte den langen schottischen Haudegen mit einem Farbtopf auf der Leiter sehen, während eine Schar junger Aktivisten den Zement für den Küchenboden mischte. Die Frauen hatten überall im Hause zum Rechten zu sehen. So wurde der Ort für die Konferenz vorbereitet.

Da der Krieg noch immer wütete und die Grenzen geschlossen waren, kamen nur Gäste aus Amerika in Frage. Eine außerordentlich gemischte Gesellschaft tat sich zusammen. Neben führenden Persönlichkeiten aus Politik, Wirtschaft und dem kulturellen Leben trat vor allem der große Anteil der Arbeiterschaft und der Jugend hervor.

Da die Konferenz im eigenen Haus stattfand und sich in Lake Tahoe neue Formen der Zusammenarbeit und des Zusammenlebens herausgebildet hatten, zeigte sich in Mackinac gegenüber den früheren Tagungen ein neuer Stil.

Im Tagesprogramm war alles viel freier und persönlicher geworden. Zum Frühstück trafen sich vor allem die Familien, vom Kleinsten zum Größten. Um elf Uhr war die erste und einzige Zusammenkunft des Tages, die eigentliche Schulungszeit. Beim Tee versammelte man sich wieder. Es war der Augenblick, da man Neuankommende begrüßte. Abreisende hatten die Gelegenheit zu einem letzten Wort des Dankes und des Abschiedes. Geburtstage wurden mit Liedern, scherzhaften Gedichten, mit Erfahrungsaustausch und Vorausschau, oft mit einem Sketch gefeiert. Der Abend war frei, oder man saß zu freier Unterhaltung, zu Musik und oft zu Theateraufführungen beisammen.

Ein neues Element in diesem Zusammenleben war, daß die gesamte Arbeit wie kochen, Gemüse rüsten, Geschirr waschen, aufräumen, putzen, waschen, bügeln, flicken, dekorieren, reparieren, Krankenpflege, Einkauf, Zimmerverteilung, Sekretariat, Verkehr mit der Außenwelt (Telefon, Post, Presse), Auskunftsdienst, Empfang, Reiseagentur, Buchhaltung, Finanzverwaltung, Vorbereitung des Tagesprogramms – kurzum alles – von den Teilnehmern der Konferenz gemeinsam in kleinen Equipen besorgt wurde. Das nahm Zeit und Kraft, Mut und Inspiration in Anspruch, war aber eine einzigartige Gelegenheit, die täglichen Geschäfte auf eine neue Art auszuüben – in einem andern Milieu, mit anderen Leuten. So war die Konferenz nicht ein Rückzug in eine höhere Sphäre, aus der man dann wieder in die Routine des Daseins hinabsteigen mußte. Es war vielmehr die Gelegenheit, all die Probleme, die zu Hause unter Umständen drückten, neu durchzudenken. Es war nicht mehr möglich, Abstand zu nehmen von den üblichen Reibungen des menschlichen Zusammenseins. Man konnte sich nicht auf eine bloße Diskussionsebene flüchten. Hier stieß man aneinander auf dem Boden der konkreten Arbeit. Man mußte sich mit der Tücke des Objektes, mit schwierigen Aufgaben, auch mit schwierigen Menschen herumschlagen. Der ganze

Mensch war im Spiel, mit seinen guten und bösen Seiten. Es wurde zum neuen Anlaß, im Gewohnten das Ungewohnte aufblühen zu lassen.

Auch die schöpferischen Anlagen, die in jedem Menschen schlummern, wurden geweckt. Neue Lieder erklangen. Ein Chor entstand, der unter der Leitung des kleinen, quicklebendigen Musikers George Frazer immer vollkommener wurde. Gedichte, Theaterszenen, ganze Dramen wuchsen aus dem gemeinsamen Erleben heraus.

Nun erfuhr plötzlich das am Tahoe-See entworfene Stück Alan Thornhills, *Der vergessene Faktor,* eine Wiedergeburt. Die Erstaufführung wurde zu einem Ereignis. Es bildete sich eine Theatergruppe, die das Drama durch ganz Amerika und später nach anderen Kontinenten trug. Die Jungen schufen ihren ersten Film, der einer im Krieg verwilderten Generation eine neue Vision des Lebens geben sollte.

Es war wie ein Wunder, daß Frank Buchman trotz verminderter Kräfte wieder an der vordersten Front stand. Sein Feingefühl für das, was in der Welt geschah und sich für die Zukunft vorbereitete, gab ihm einen Blick, der den Ereignissen vorauseilte. Er sah das Heraufkommen der Ideologien und erkannte ihre Bedeutung für das kommende Geschehen in den Kontinenten. Als die meisten Zeitgenossen in ihrer oberflächlichen, materialistischen Sicht noch keine Ahnung von dem hatten, was sich untergründig und unheimlich anbahnte, sah er schon, daß sich die geschichtlichen Entscheidungen auf dieser ideologischen Ebene abspielen sollten.

Im Juli 1943 hielt er an der Konferenz in Mackinac eine Rede über das Thema: «Der Krieg der Ideen».

Nachdem er das Aufsteigen der beiden Weltmächte –
Kommunismus und Faschismus – dargestellt hatte, stellte
er die Frage: «Woher stammen sie?»

Antwort: «Vom Materialismus, dem Vater aller Ismen.
Es ist der Geist des Antichrist, welcher Korruption,
Anarchie und Revolution erzeugt. Er untergräbt das
Familienleben, hetzt die Klassen gegeneinander auf und
spaltet das Volk. Der Materialismus ist der größte Feind
der Demokratie.»

In seiner Geburtstagsbotschaft vom 4. Juni 1945 braucht
Frank Buchman zum ersten Mal das Wort «Ideologie» in
seiner positiven Bedeutung:

«Wir müssen eine Ideologie finden, die groß und umfas-
send genug ist, jede der anderen großen Ideologien aus
dem Feld zu schlagen. Bis das geschieht, werden die
Menschen umherirren. Sie werden ihren Weg nicht finden.

Wenn aber Gottes Heiliger Geist im Herzen und Leben
der Menschen regiert, dann werden wir anfangen, die neue
Welt von morgen aufzubauen, nach der wir uns alle
sehnen.»

An der Konferenz von Yalta am 12. März 1945 wurde
von den drei großen Alliierten die Aufteilung der Welt
beschlossen, wobei Stalin sein Vordringen ins Herz Europas vorzubereiten gewußt hatte. Es wurde angekündigt,
daß die nächste Konferenz im April in San Franzisko
stattfinden werde. Das veranlaßte Buchman, drei Monate
im voraus ein Theater zu mieten, um den *Vergessenen
Faktor* für die Delegierten zu spielen.

Viele der Delegierten und Besucher der Konferenz
kamen zur Aufführung. Frank Buchman traf manche
von ihnen, indem er sie an seinen Tisch einlud. Weltweite

Verbindungen wurden angeknüpft. Der Außenminister von Irak, Dr. Jamali, traf damals Buchman zum ersten Mal. Er sollte bei der Konferenz von Bandung vom Jahre 1955, der ersten Konferenz der blockfreien Nationen, eine entscheidende Rolle spielen.

Zur Zeit der darauffolgenden Sommerkonferenz in Mackinac fiel die amerikanische Atombombe auf Hiroshima. Es war der 6. August 1945. Drei Tage darauf fiel eine weitere Bombe auf Nagasaki. Am 2. September kapitulierte Japan.

Frank Buchman gab auf seine Weise dem Weltempfinden Ausdruck:

«Wir haben den Schritt in das Zeitalter der Atombombe, in ein völlig neues Zeitalter getan. So müssen wir auch für unsere Botschaft eine neue Sprache finden. Eine geistige Atombombe tut not, etwas drastisch Neues, so neu, daß viele unter uns es nicht verstehen werden. Es ist die Macht von Gottes Heiligem Geist. Das ist die geistige Atombombe. Sie wird die Grundlage der von Gott erleuchteten Demokratie schaffen.»

Durch einen besonderen Befehl General Marshalls wurden Buchmans Mitarbeiter, die im Kriege gedient hatten, im November 1945 gesamthaft entlassen. Sie brachten Frank Buchman, der sie am Lufthafen von Los Angeles empfing, ihren ganzen ersparten Sold.

Buchmans Gedanken eilten nach Europa. Er rief seine Freunde in einer Ranch bei Los Angeles zusammen. Was ihn vor allem beschäftigte, war, welchen Weg nun die Regierungen der in ihren Grundfesten erschütterten Völker gehen würden. Seine Weisung war folgende:

«Ihr werdet das staatsmännische Denken mit einer ins

Leben umgesetzten Botschaft vom Kopf auf die Füße stellen.»

Dazu die praktische Folgerung:

«Arbeiter und Unternehmer, von Gott geführt, werden die Welt führen. Andernfalls wird der marxistische Materialismus die Macht übernehmen. Doch könnte es wohl sein, daß die Marxisten den Geist Christi verstehen lernen. Einige von euch werden eines Tages in Moskau arbeiten. Wir müssen bereit sein.»

Am Vorabend seiner Abreise nach Europa hielt er am 23. April in New York eine Rede an seine Freunde unter dem Titel:

Eine Revolution unter dem Kreuz

«Ein Abschnitt von sieben Jahren geht zu Ende – sieben wundervolle Jahre. Wir haben viel gelernt. Wir wollen dafür Sorge tragen, daß jeder einzelne in diesem Raum die volle Wahrheit in Jesus Christus kennt, die uns offenbart wurde... Eine Revolution unter dem Kreuz, die diese Welt verwandelt, ist die einzige Hoffnung, unsere einzige Antwort. Geht hinaus, geeint in der Botschaft, und ihr werdet die Welt retten.

Und jetzt werden wir einige Minuten still sein.»

> Vom Himmel hergegeben,
> Gabst Du für uns Dein Leben
> Im Tode her.
> Das tatest Du für mich –
> Was tat ich je für Dich,
> Gekreuzigter.

Ich möchte dienen Dir,
Zeige, Erlöser, mir
Die offene Tür!
Am Kreuz seh ich es ein:
Wertlos war all mein Sein,
Ich folge Dir.

Bei Kriegsausbruch war in der Schweiz alles auseinander-gefallen. Viele wurden mobilisiert. Andere hatten sich schon vorher zurückgezogen. Der Literaturprofessor hätte in dieser Zeit der Aufregung und Zerfahrenheit allen Anlaß gehabt, Frank Buchmans Abschiedsgruß zu beher-zigen, der ihm riet, durch «Stillestehen und Warten» zu dienen. Dem Aufruf zur «Geistigen Landesverteidigung» folgend, veranstaltete er zusammen mit einem welschen Freund am Rundfunk eine monatliche «Nationale Sen-dung». Der Grundgedanke war: durch Stärkung der inneren Einheit den Widerstand gegen den von außen her drohenden Totalitarismus zu festigen. Persönlichkeiten der verschiedensten Lager fanden sich dabei zusammen: Welsch- und Deutschschweizer, Protestanten und Katholi-ken, Gewerkschaftler und Unternehmer, Marktwirtschaft-ler und Dirigisten. Als nach dem Zusammenbruch Frank-reichs eine Welle des Defaitismus über das Land ging, entschlossen sich die Männer, die aus Gegnern zu Bundes-genossen geworden waren, als überparteiliche Gruppe öffentlich hervorzutreten. Das Wahrzeichen des Wider-standes und der Einigung war für sie der wehrhafte Gotthard geworden. So entstand der «Gotthardbund».

Mittlerweile war die Spannung im ganzen Land infolge der Rede von Bundesrat Pilet-Golaz vom 25. Juni 1940 auf Siedehitze gestiegen. Viele legten die bundesrätliche Botschaft als beginnende Anpassung an das Hitler-Regime aus. Zu diesen gehörten einige junge Offiziere, die mit großer Besorgnis sahen, wie sich eine Kluft zwischen ihrem General und dem Bundesrat zu öffnen schien.

So kam es, daß an einem Montagabend im Juli die Landesleitung des Gotthardbundes telegraphisch nach Bern berufen wurde. Ein höherer Offizier hatte die Sitzung veranlaßt, und seine Vertreter stellten die Forderung an den Gotthardbund, noch in der gleichen Woche mit einem Manifest an die Öffentlichkeit zu treten. Er erklärte sich seinerseits bereit, die Kosten einer solchen Kampagne zu übernehmen. Andernfalls würde eine Gruppe von Offizieren in den kommenden Tagen einen «Marsch auf Bern» in Gang setzen.

Eine schwere Entscheidung stand den Intellektuellen, Geschäftsleuten, Gewerkschaftlern, Offizieren, die in der engen Stube vereinigt waren, bevor. Es war kein Zögern mehr möglich. Der Blitzkrieg gegen England war noch nicht losgebrochen. Acht deutsche Divisionen standen unter Guderian an der unbewachten französisch-schweizerischen Grenze. Ein noch so gutgemeinter Militärputsch hätte Anlaß zu einem katastrophalen Eingreifen werden können. So entschlossen sich die Anwesenden, mit ihrem Manifest in den folgenden Tagen hervorzutreten. In der Woche vom 22. bis 27. Juli 1940 erschien der Aufruf als ganzseitiges Inserat in allen großen Schweizer Zeitungen.

Neben dem Bekenntnis zur Wahrung eidgenössischer Ehre und Unabhängigkeit um jeden Preis wurden als Aufgabe der Gegenwart folgende Grundsätze aufgestellt:

«Bereitschaft der verantwortlichen Männer zur innern Wandlung. Menschen sind wichtiger als Programme.

Überwindung der Gegensätze von ‹links› und ‹rechts›
– an Stelle der Zersplitterung tritt die Zusammenfassung
aller lebendigen Kräfte des Landes. Ein neues wirtschaftli-
ches Denken und Handeln, bei welchen der Mensch und
seine Arbeit im Mittelpunkt steht – maßgebend ist nicht
der Profit, sondern die Leistung, nicht der Verdienst,
sondern der Dienst am Ganzen.»

In die faule Atmosphäre dieses Sommers des Mißver-
gnügens schlug die Aktion des Gotthardbundes wie ein
reinigendes Gewitter ein.

Aber das Entscheidende geschah von höherer Warte
aus. In der gleichen Woche, am 25. Juli, fand auf dem
Rütli der historische Rapport statt, an welchem General
Henri Guisan den höheren Offizieren den Verteidigungs-
plan des «Réduit» – die Konzentration der Armee um
den Gotthard – darlegte. Am Nationalfeiertag, am
1. August, kam dann über den Rundfunk die Botschaft des
Generals an das Schweizervolk mit dem Hinweis auf das
Symbol des Gotthards als Zeichen der bedingungslosen
Wehrbereitschaft und der «Zusammenfassung aller lebendigen Kräfte des Landes».

Nun gab es für das Inland und für das Ausland
keinen Zweifel mehr darüber, welchen Kurs das Schweizervolk eingeschlagen hatte.

In den kommenden Zeiten gab es auch für den einfa-
chen Eidgenossen noch vieles zu tun, und zusammen mit
andern Opferwilligen griff der Gotthardbund kräftig in
die Speichen. In einer Reihe ganzseitiger Inserate kämpfte
er gegen die «Fünfte Kolonne» und die Termitenarbeit
der Verräter und Anpasser. Er setzte sich tatkräftig ein
für die Verwirklichung des «Planes Wahlen» in der

Anbauschlacht. In öffentlichen Versammlungen, vielverbreiteten Schriften, mühevoller Kleinarbeit förderte er Familienschutz, Altersversicherung, Berufsgemeinschaft, Neuorientierung der Wirtschaftspolitik, nationale Einheitsbestrebungen.

Eine Fernwirkung Frank Buchmans und der Leitsätze von *You can defend America:* «Gesunde Familien, Mannschaftsarbeit in der Industrie, eine geeinte Nation» war in dieser ganzen Aktion zu spüren. Doch verlor sich die politisch-soziale Betriebsamkeit der Schweizer immer mehr in einen äußeren Aktivismus. Damit ging ein Nachlassen der inneren Führung und Disziplin Hand in Hand.

Aber mitten im Sturm hielt eine kleine Gruppe von Unentwegten stand. Es war der lebendige Kern, der nach einem großen Rückzug der alten «Oxforder», der Lauen und der Aktivisten, übriggeblieben war. In Bern hatten sie einen Treffpunkt. In einem Hotelzimmer arbeiteten einige Mädchen aus der deutschen und welschen Schweiz, zu denen sich gelegentlich das eine oder andere Ehepaar gesellte.

Ihre Haupttätigkeit bestand darin, den Nachrichten- und Bücherdienst zwischen den Wehrmännern der verschiedenen Nationen soweit wie möglich aufrechtzuerhalten. Die vielen Briefe, die sie bekamen, zeigten, wie die Saat, die Frank Buchman ausgesät hatte, in den aussichtslosesten Situationen ihre Frucht brachte.

Hier einige Auszüge aus diesen Briefen.

Ein junger Mann, der 1938 an der Konferenz in Interlaken teilgenommen hatte, schrieb seinem Vater, kurz bevor er erschossen wurde, diesen Abschiedsbrief:

«Wenn ich zurückblicke, bin ich dankbar für mein

Leben, weil Gott es so wunderbar geführt hat. Bald werde ich glücklicher sein als Du und als Ihr alle. Seid nicht traurig darüber, sondern freut Euch... Ich bete, daß Ihr meinen Tod innerlich annehmen möget, daß er weder Ursache der Auflehnung noch der Traurigkeit sei, sondern daß Ihr durch ihn angespornt, Euch noch mehr einsetzen werdet für die gemeinsame Sache, zu der Gott uns in verschiedener Weise berufen hat.»

Aus einem Konzentrationslager:

«Sogar in einem Konzentrationslager, wo jeder um sein nacktes Leben kämpft, oft auf Kosten anderer, kann man vollständig glücklich sein, wenn man sich selbst vergißt. Es ist sehr schwer, besonders hier, und oft versage ich. Aber ich weiß, daß ich jeden Tag, den ich mit dem Gedanken an die anderen beginne, ihnen etwas sein kann.»

Briefe von Gefangenen:

«Unsicherheit, Menschenfurcht, die endlose Gleichheit des Lebens, Stacheldraht und eine snobistische Einstellung den meisten Leuten gegenüber... hatten aus mir einen deprimierten, leicht erregbaren Automaten gemacht. Äußerlich war ich wohl ein ganz guter Gefangener, ich beachtete die Reglemente, nahm ziemlich viel geistige Verantwortung auf mich, machte auch eine Art ‹stille Zeit›, aber es war alles lau und kraftlos. Gerade in diesen Tagen wurden wir in ein anderes Lager überführt, das gar nicht für unsere Ankunft vorbereitet war. Alles war in Unordnung und die Verhältnisse unbeschreiblich. In diesem Moment, als die Gelegenheit zu entschlossenem Handeln groß war, wurde mir bewußt, wie weit ich mich von Gott entfernt hatte. Mir kam es vor, als hätte er sich

völlig von mir abgewandt, und dieses Gefühl des Versto-
ßenseins wurde mir zur Hölle. Nun habe ich die letzten
drei Wochen in einer Art ‹Retraite› gelebt und verbringe
viel Zeit in der Stille, im Gebet, im Meditieren. Gott hat
mich in seiner großen Gnade einmal mehr mit seiner
heilenden Gegenwart berührt...»

Ein anderer Gefangener:

«Vor wenigen Tagen habe ich mich entschlossen, mein
Leben der Führung Gottes anzuvertrauen. Im Laufe meiner Gefangenschaft bin ich zum Katholizismus zurückgekehrt, ich habe Christus und seine überwältigende Liebe
entdeckt. Dank der Gruppe habe ich ein weiteres, schöne-
res Leben gefunden, das unmittelbar in Gottes Händen
liegt. Ich habe im Sinn, die Botschaft an möglichst viele
Menschen weiterzugeben. Von jetzt an ist mein Ziel,
Leben um mich herum umzuwandeln. Dazu brauche ich
Bücher...»

März 1944:

«Ich habe einige Ihrer Bücher einem katholischen Prie-
ster geliehen, der wie ich als Zivilarbeiter eingesetzt wird.
Er wurde so davon gepackt, daß er wünscht, alle unsere
Bücher kennenzulernen und sie an seine Kameraden zu
verteilen. Welche Freude, welche wunderbare Hoffnung,
diese wirkliche Gemeinschaft aller Christen zu erleben, die
alle Konfessionen umfaßt...»

Ein weiterer Gefangener:

«Ich freue mich immer so über alle Eure Nachrichten,
sind sie doch das einzige Mittel, durch das ich in Kontakt
bleiben und meine Gebete frisch erhalten kann... Ihr
Neutralen könnt in diesen Tagen solch eine geistige Kraft
erzeugen, daß Ihr, wenn dieser schreckliche Krieg zu Ende

ist, den Geist hervorbringt, durch den die Völker miteinander reden können...»

Diese kleine Gruppe bildete die Brücke zur Nachkriegsperiode. Es waren nicht fünfzig, sondern wenig mehr als fünf. Aber sie standen fest.

Sie hielten auch den Kontakt mit den Aktivisten des Gotthardbundes aufrecht und luden sie zu Winterlagern und Ferienaufenthalten ein, an denen den Widerspenstigen immer wieder das Herz aufging.

Aber auch Frank Buchman hatte den Kontakt nicht aufgegeben. Mitten im Krieg lud er den welschen Freund, den er als den beweglichsten kannte, mit seiner Frau nach Amerika ein. Mit Hilfe eines deutschen Verbindungsmannes, der kurz darauf als einer der Verschwörer des 20. Juli 1944 gehängt wurde, gelangte das Ehepaar über Portugal nach den Vereinigten Staaten.

Auf der Insel Mackinac gerieten die Schweizer in ein Kraftfeld, dessen Gewalt sie sich nicht entziehen konnten. Es war nicht Frank Buchman, sondern eine höhere Instanz, die sie ergriff. Den Grund ihres Widerstandes erkannten sie in der Angst vor dem Kreuz. Der ehrgeizige junge Mann, der eine vielversprechende diplomatische Laufbahn vor sich hatte, erkannte sein inneres Unbefriedigtsein, das er durch äußere Aktivität zu kompensieren versucht hatte. Er und seine Frau fanden ein neues Leben, eine neue Frische des Geistes, eine neue Liebe.

Als sie in die Schweiz zurückkamen, luden sie ihre Freunde über Ostern in ein Gasthaus am rebenbewachsenen Eingang des Rhonetales ein. Man merkte ihnen an, daß etwas mit ihnen geschehen war. Der Ostermorgen, an dem sie im Kreuzgang des klosterähnlichen Hotels eine

Art Prozession mit Kerzen, Blumen und Ostergesang veranstalteten, in die jeder von Tür zu Tür miteinbezogen wurde, blieb allen unvergeßlich. Sie verstanden es, jeden zu einem Teil des Ganzen zu machen.

Im gleichen Sommer fand in den Berner Alpen eine Konferenz statt, in der sich eine unglaublich schöpferische Frische und Einigkeit entfaltete.

Wie ein Blitz schlug in diesen Tagen ein Telegramm ein, das sieben Schweizer nach Amerika einlud. Sechs davon machten sich für die abenteuerliche Fahrt bereit. Das war der Anfang eines neuen Kapitels der Geschichte.

Die kleine Schar, die aus Amerika in die Schweiz zurückkehrte, war von Frank Buchmans Weltoffenheit ergriffen worden. Das hatte für jeden tiefe persönliche Änderung bedeutet, hatte ihn aber für die kommenden Entscheidungen und Kämpfe gefestigt.

Sie kamen mit einem ganz konkreten Plan. Aus Dankbarkeit dafür, daß ihr Land von den Schrecken zweier Weltkriege verschont geblieben war, hatten sie sich entschlossen, die Schweiz zu einer Stätte der Begegnung für die Völker der Erde zu machen. – «Ich sehe die Schweiz als Friedensstifter unter den Nationen», hatte Frank Buchman 1935 in seiner Zürcher Rede gesagt.

So suchten sie ein Haus, das groß und anziehend genug war, um Gäste aus aller Welt aufzunehmen.

Hoch über dem oberen Ende des Genfersees mit Blick auf Jura und Alpen stand ein Riesenhotel, das zu Anfang des Jahrhunderts im damaligen türmeverzierten Stil für Fürstlichkeiten gebaut worden war und auch solche Herrschaften bis zum Ersten Weltkrieg in großer Zahl aufgenommen hatte. Zwischen den beiden Kriegen war eine Generation aufgewachsen, die weder fürstlich lebte noch fürstlich gesinnt war. So gingen die Geschäfte des «Caux-Palace» zurück, bis die Schweizerische Volksbank die Baulichkeiten übernahm und im Zweiten Weltkrieg auf Veranlassung der Schweizer Behörden den Internierten und Flüchtlingen verschiedener Nationen als Unterkunft zur Verfügung stellte.

Nach dem Kriege interessierte sich ein französischer Konzern für den verwahrlosten Bau. Alles, was nicht hieb- und stichfest war, Ziegel, Balken, Vorhangstangen, Fenster, Türen, Möbel usw., sollte weggeschleppt werden, um im aufbaubedürftigen Frankreich zu teuren Preisen an den Mann gebracht zu werden. Nur die nackten Mauern wären übriggeblieben. In kurzer Zeit wäre auf diesem herrlichen Flecken der Schweiz ruinenhaftes Gemäuer gestanden.

In diesem Augenblick griff die Gruppe der jungen Schweizer ein. Das Haus auf dem Berg in Caux entsprach genau ihren Wünschen. Mit Inventar und dem dazugehörigen Land bedeutete es aber einen finanziellen Aufwand, dem sie nicht gewachsen waren. Da jedoch die Bank auf eine rasche Entscheidung drängen mußte, legten einige junge Ehepaare als erste Anzahlung einen großen Teil ihres Vermögens auf den Tisch und beriefen zu Ostern ihre Freunde aus der ganzen Schweiz zu einem Kriegsrat nach Interlaken. Es dauerte nicht lang, und Hunderte waren bereit, Opfer zu bringen. Viele spendeten auch ihre Zeit und Kraft, um die arg mitgenommenen Baulichkeiten instand zu setzen und zu reinigen.

Und so konnte das «Haus auf dem Berge» – «Mountain House» –, das seinen Namen in Anlehnung an das «Haus auf der Insel» in Mackinac bekam, schon im gleichen Sommer 1946 Buchman zur Verfügung gestellt werden. So begannen die Konferenzen, denen Frank Buchman seinen großen Stil aufprägte.

Eine weltweite Offensive begann. Viele der jungen

Kampfgenossen Buchmans kamen aus dem Krieg zurück. Sie hatten Unmenschliches erlebt und sahen noch Unmenschlicheres voraus, wenn es nicht gelang, eine menschlichere Welt aufzubauen, bevor es zu spät war. Sie waren zu allem bereit. Sie wußten, daß ein solcher Feldzug der Menschlichkeit nicht aus eigener Kraft, aber auch nicht mit halbem Einsatz geführt werden konnte. «Freiheit ist nicht umsonst», der Wahlspruch des Niklaus von der Flüe, der im gleichen Jahr in Rom heiliggesprochen wurde, war laut Frank Buchmans Rede «Der gute Weg» vom 4. Juni 1946 auch ihre Parole. Die militärische Sprache und Disziplin lag ihnen nahe, nicht nur, weil sie aus dem Kriege kamen, sondern weil es galt, den Krieg mit einer noch größeren Kampfbereitschaft zu überwinden. Die *Ecclesia militans* verwirklichte sich in ihren Reihen auf so radikale Weise, daß sich viele distanzierten.

Aber Buchman machte sich keine Illusionen. Er sah böse Zeiten kommen. Um ihnen gewachsen zu sein, mußten Charaktere mit Hammerschlägen geschmiedet und gestählt werden. Um den vertrauensseligen Europäern, die der Euphorie des Friedens erlagen, die Augen zu öffnen, schreckte Buchman vor keiner Schocktherapie zurück.

Der Mißbrauch der Ideologien im Nationalsozialismus und Kommunismus war für ihn gerade der Anlaß, einen neuen Gebrauch des Wortes «Ideologie» einzuführen. Das Wort, von dem der intellektuelle Europäer eine Gänsehaut bekam, war für ihn die zündende Formel, die in schlafenden Christen das Gewissen für die Not der Welt wecken sollte. Ideologie ist, wie Prof. Spranger sagte, das, «wofür man sein Leben einsetzt». Es war für Frank Buchman die Leidenschaft, die der Blick aufs

Ganze der heutigen Menschheit gibt und zugleich ihre praktische Auswirkung – «eine Philosophie, eine Leidenschaft, ein Plan», wie er selber sagte. Das Geschwätz der Gegner und Mitläufer über Ideologie schnitt er mit dem unmißverständlichen Hinweis ab: «Ideologie? – Es ist die volle Botschaft des Evangeliums von unserem Herrn und Heiland Jesus Christus.»

Buchman scheute sich nicht vor Wiederholungen, wo es galt, von der Diskussion zur Aktion überzugehen. Er verwandelte Schlagwörter in wie der Blitz einschlagende Worte. Er konnte es nicht verhüten, daß Menschen einen oberflächlichen Jargon zweiter und dritter Hand aus Worten machten, die aus einem brennenden Herzen gekommen waren. Wenn man seine Reden aufmerksam liest, staunt man über die immer neue Schlagkraft seines Ausdrucks.

Allerdings, wer als bloßer Zuschauer nach Caux kam, dem verging bei diesem Orkan des Geistes Hören und Sehen. Hier erwies es sich wie nirgends sonst, daß man geschehende Geschichte nur verstehen kann, wenn man nicht bloß spekulativ am Rande steht, sondern aktiv mitgeht, selber Geschichte macht.

Wer aber aus dem gleichen innersten Antrieb wie Frank Buchman um die Änderung der Welt besorgt und bereit war, mit seinem ganzen Leben ins offene zu treten, dem ging das Herz auf für die Wunder, die vor seinen Augen geschahen. Schon die Verschiedenartigkeit und Qualität der Menschen, die sich aus aller Welt da zusammenfanden, war überwältigend. Es waren keine weltfremden Schwärmer, sondern Männer und Frauen, die an verantwortungsvollen Posten standen und denen ein scharfer Wind um die Ohren pfiff. Sie wären nicht Wochen und Monate geblieben, wenn sie nicht gerade hier und nirgends sonst das Rüstzeug für ihren Kampf gefunden hätten.

Aber auch wie im «Haus auf dem Berge» in Caux alles sich zu einem Ganzen fügte, war erstaunlich: die geschmackvolle Wohnlichkeit der Räume, die mit der weiten, leuchtenden und unendlich beruhigenden Landschaft zusammenklang, die herrlichen Blumendekorationen, die Qualität des Essens, aber auch die gehaltvollen, abwechslungsreichen Meetings, die verschönt und vertieft wurden durch die künstlerisch eindrucksvollen Darbietungen des in bunten Landestrachten auftretenden internationalen Chors, dazu die neu entstehenden Schauspiele, die im Theatersaal den Abend beschlossen. Wie ein solcher Betrieb mit oft mehr als tausend Gästen bei all den ineinandergreifenden Kräften und Geschäften reibungslos durch die Mitarbeit aller Beteiligten sich abspielen kann, grenzt an ein Wunder des Geistes. Aber noch größer waren die Wunder, die durch die Auswirkungen nach außen geschahen.

Diese eigenartige Verquickung ist nach dem Wort des bekannten französischen Philosophen Gabriel Marcel das Geheimnis von Caux.

Was es heißt, «in Kontinenten zu denken und für Kontinente zu sorgen», wie Frank Buchman es schon 1915 von seinen Freunden verlangte, zeigte sich an der ersten Frage, die er bei der Eröffnungsbegrüßung in Caux im Blick auf die vielen Nationalitäten, die er um sich sah, stellte: «Wo sind die Deutschen?»

Durch seine Verbindung mit dem General, der die amerikanischen Besetzungstruppen in Deutschland befehligte, machte er es möglich, daß eine große Zahl führender Deutscher, unter ihnen auch Konrad Adenauer, nach Caux kommen konnte. Auch Gewerkschaftsführer wie Hans Böckler waren dabei, der in Caux die staatsmännische Erklärung abgab: «Wenn Menschen sich ändern, ändert sich die Struktur der Gesellschaft, und wenn die Struktur der Gesellschaft sich ändert, ändern sich die Menschen. Beides gehört zusammen, und beides ist notwendig. Deshalb ist das Ziel, das die Moralische Aufrüstung erstrebt, ein gleiches wie das, wofür ich mich als Gewerkschaftler einsetze.»

Daß die Deutschen, die sich zum ersten Mal seit Kriegsende auf der Basis der Gleichberechtigung in die Völkerfamilie aufgenommen sahen, von einem französischen Chor mit dem Lied «Es muß alles anders werden» begrüßt wurden, war die Ankündigung eines deutsch-französischen Brückenschlages, der durch das Wirken der Widerstandskämpferin und Führerin der sozialistischen Frauen Frankreichs, Irène Laure, und durch die von Frank Buchman vermittelte Zusammenarbeit von Konrad Adenauer und Robert Schuman tiefer verankert wurde.

In Caux wehte Weltluft. «Hauptquartier der Hoffnung der Welt», nannte es der parlamentarische Redakteur der *Times*.

Die Auswirkungen machten sich in den Ländern Europas und in den verschiedenen Kontinenten spürbar.

Wunder der Versöhnung und Verständigung, die weitgehende Folgen für Hunderttausende hatten, geschahen in Ländern wie Tunesien, Marokko, Nigeria, Kamerun, Kongo, Kerala, Zypern, Japan, Brasilien, Kenia... Es sind Geschichten, die dem, der sie von den Beteiligten erzählen hört, wie Märchen vorkommen. Einige davon kann man in *Frank Buchmans Geheimnis* von Peter Howard und in *Hoffnung im Wandel* (Un changement d'espérance) von Gabriel Marcel nachlesen.

Caux und Mackinac waren Ausstrahlungszentren, von wo aus die Wirkung von Frank Buchmans Tätigkeit bis in die fernsten Winkel der Welt ging. Bei aller Gelassenheit dessen, der weiß, daß der Mensch nichts und Gott alles tut, erwies sich Buchman als einer jener Gewalttätigen, von denen es heißt: «Die dem Himmel Gewalt antun, die reißen ihn an sich.» Dieses Unbedingte war es auch, das von jedem das Äußerste forderte, was die großen Realisten aus aller Welt anzog: Staatsmänner, Wirtschafts- und Gewerkschaftsführer, schöpferische Geister, neben Arbeitern, Hausfrauen und Studenten – alles Menschen, die wußten, daß «Freiheit nicht umsonst ist».

Das erstaunlichste aber war, daß die stärkste Kraft nicht aus seinem zugreifenden Handeln, sondern aus seinem Geschehenlassen des Unerwarteten kam. Er lebte ganz natürlich in einer Welt des Wunders. Er nannte das immer wieder «das normale Leben». Es gab für ihn keine Trennung zwischen dem Gewohnten und dem Ungewohnten. Das eigentliche Wunder für ihn war, daß für den, der für das geheime Wirken Gottes offen war, mitten im Gewohnten das Ungewohnte aufblühte.

Eines der größten Wunder der Nachkriegszeit war die Versöhnung zwischen den Erbfeinden Deutschland und Frankreich. Durch Irène Laure war eine tiefgreifende Heilung in Gang gekommen. Nun fand eine Ausweitung in eine größere Dimension statt.

Den Anstoß hatte Robert Schuman gegeben. Auf einer Eisenbahnfahrt im Frühjahr 1948 kam Schuman, damals Ministerpräsident, ins Gespräch mit einem Industriellen aus Nordfrankreich, der ihm die erstaunliche Geschichte von der Begegnung einer militanten Sozialistin mit dem stiernackigen Generalsekretär der Arbeitgeberorganisation der Textilindustrie Nordfrankreichs erzählte. Die Folge dieser Begegnung war, daß sich Arbeiter und Industrielle in einem Kurort trafen. Ein Geist der Versöhnung strahlte von dort über das Land. «Das hat mir neue Hoffnung gegeben», sagte der Industrielle, «ich bin Katholik, aber hier sah ich, daß auch ich einen Teil zur Rettung meines Landes beitragen konnte.» Schuman, der ein Heilmittel gegen die vergiftete Atmosphäre in der Politik suchte, fragte ganz aufgeregt, wer denn die treibende Kraft hinter diesem Geschehen sei. Der Industrielle nannte einen Amerikaner namens Buchman. Der Minister bat seinen Gesprächspartner dringend, ihn mit diesem Mann bekannt zu machen. In der Folge sandte der Industrielle dem Minister die französische Übersetzung der Reden Frank Buchmans mit der Bitte, ein Vorwort dazu zu schreiben. Schuman, der durch Vermittlung des Industriellen im August 1948 Buchman während einer halben Stunde im Elysée hatte sprechen können, war sehr von ihm beeindruckt gewesen und erklärte sich bereit, gelegentlich dieses Vorwort zu schreiben. Er sah wohl, was es für ihn bedeuten würde, so gab er ehrlich zu: «Ich habe den Rubikon noch nicht überschritten.» Im Oktober 1949 kam es schließlich dazu, daß der Industrielle seine zwei Freunde, Frank Buchman und Robert Schuman, zu Tisch einladen konnte. Der Minister gab seiner Enttäuschung darüber Ausdruck, daß es ihm nicht gelungen sei, für seine Bemühungen um die Einigung Europas seine Kollegen und Freunde zu gewinnen. Er wandte sich an Buchman: «Ich brauche Ihren Rat. Schon seit Jahren möchte ich der Politik den Rücken kehren und meine Lebenserfahrungen aufzeichnen. Ich habe keine Familie und niemanden, für den ich sorgen muß. Es gibt ein Kloster, in dem ich gut unterkommen könnte. Es besitzt eine große Bibliothek. Dort ist man in der Stille. Ich könnte meinem Gefühl nach dort mein Bestes hervorbringen. Wollen Sie mir raten? Was soll ich tun?»

Buchman schaute ihm direkt in die Augen und sagte: «Herr Schuman, was denken Sie in Ihrem Herzen, daß Sie tun sollen?» Der Minister machte eine abwehrende Bewegung und antwortete mit einem breiten Lächeln:

«Sie hätten mich das nicht fragen sollen. Ich weiß genau, daß ich da bleiben muß, wo ich bin.»

Dann fügte er ernst hinzu: «Es gibt etwas, das ich tun sollte. Ich fühl's in meinen Knochen, und ich habe mich schon kürzlich auf den Ast hinausgewagt, aber es macht mir Angst. Ich komme von Lothringen, bin als Deutscher aufgewachsen und habe im Ersten Weltkrieg in der Deutschen Wehrmacht gedient. Dann kehrte Lothringen zu Frankreich zurück. Ich wurde französischer Staatsangehöriger und diente in der französischen Armee. Ich kenne die Probleme und Mentalität beider Länder. Ich weiß seit langem, daß ich einen entscheidenden Beitrag zu leisten habe, um dem Haß zwischen beiden Nationen ein Ende zu setzen. Ich habe darüber mit De Gasperi gesprochen. Er ist in der gleichen Lage – als Österreicher geboren, hat er in der österreichischen Armee gedient. Dann wurde er Italiener, und so versteht er beide Seiten. Wir wissen, daß es etwas gibt, das getan werden kann und getan werden muß, und daß wir die Männer sind, die dazu berufen sind. Aber ich schrecke davor zurück.»

Buchman verstand, was eine solche Entscheidung bedeutete. «Ja, Sie müssen bleiben, wo Sie sind», sagte er. «Das ist Ihr gottgegebener Platz.»

«Die Schwierigkeit ist», erwiderte Schuman, «daß ich nicht weiß, wem ich im neuen Deutschland vertrauen kann.»

Buchman erwiderte: «Wir haben in Caux einige ausgezeichnete Männer getroffen, ich kann Ihnen ein Dutzend Namen nennen.» Er gab Schuman eine Liste von Männern, die er persönlich kannte, unter ihnen Adenauer, Lübke, Arnold, von Herwarth. «Nächste Woche gehe ich offiziell nach Deutschland», sagte dann Schuman, «ich

werde versuchen, sie aufzusuchen.» An diesem Abend
hatte Schuman den Rubikon überschritten.

Adenauer und Schuman trafen dann zusammen. Im
Frühling 1950 bekam Adenauer einen vertraulichen Brief,
in welchem der Entwurf zur wirtschaftlichen Einigung
Europas enthalten war, der später als «Schuman-Plan»
verwirklicht wurde.

In seinem großen wissenschaftlichen Werk über diesen
Plan (Des Ententes de maîtres de forges au plan Schu-
man, 1954) bestätigt der Soziologe Prof. Rieben (Univer-
sität Lausanne) ausdrücklich den Anteil Buchmans an der
Begegnung und Verständigung zwischen Adenauer und
Schuman.

Im gleichen Frühjahr 1950, in dem diese Begegnung
stattfand, schrieb Schuman das versprochene Vorwort zu
Buchmans Reden.

«Was die Moralische Aufrüstung bringt», erklärt der
Minister, «ist eine geistige Haltung, die in die Tat umge-
setzt wird (un état d'esprit mis en action). Sie maßt sich
nicht an, eine Moral zu erfinden. Für den Christen genügt
die Moral des Christentums...

Daß man den Staaten Mannschaften geschulter Menschen, Apostel der Versöhnung und Handwerker für den
Neubau der Welt zur Verfügung stellt, das ist schon jetzt
nach fünfzehn von Kriegsverwüstungen gezeichneten Jahren der Anfang einer ungeheuren sozialen Umwälzung,
deren erste Schritte bereits im Gange sind.

Es geht nicht um eine Änderung des politischen Kurses,
sondern um die Änderung von Menschen. Die Demokratie und ihre Freiheit steht und fällt mit der Qualität der
Menschen, die in ihrem Namen sprechen...»

Als dann Schuman selber Caux kennenlernte, sagte er im Rückblick auf sein Vorwort: «Ich bekam durch dieses Buch etwas wie eine Ahnung. Neue Perspektiven taten sich vor mir auf. Ein Schimmer von dem, was das vergangene und gegenwärtige Leben Frank Buchmans bedeutet, wurde mir bewußt. Aber ich konnte damals noch nicht erkennen, was er wirklich zustande gebracht hat und wie gewichtig die um ihn sich sammelnde Anhängerschaft ist. Ich hatte noch kein Maß, um die Begeisterung, die ihm aus der ganzen Welt entgegenkam, abzuschätzen. Aber jetzt weiß ich es, und was mich am meisten beeindruckt, ist, wie das alles sich in den internationalen Beziehungen zwischen den Völkern auswirkt.»

Von da her versteht man, wie ernst die Frage gemeint war, die Schuman an Buchman stellte, als er nach seinem Aufenthalt in Caux 1953 von ihm Abschied nahm:

«Werden Sie uns nicht in Marokko helfen?»

«Gern», antwortete Buchman, «aber ich spreche kein Arabisch.» – «Das macht nichts», erwiderte Schuman, «sprechen Sie nur Französisch.» – «Ich kam einmal nach Grenoble, um Französisch zu lernen», bemerkte dann Buchman, «aber es sind mir nur zwei Worte geblieben: mauvais garçon.» – «Das kann Sie eine gute Strecke weit führen», gab Schuman lachend zur Antwort, und er fügte ernst hinzu: «Übrigens kommen Sie auch ohne Sprachkenntnisse aus. Sie sprechen die Sprache des Herzens.»

Drei Monate später war Buchman mit einigen Freunden in Marrakesch. Der erste Mann, den er am Hoteleingang traf, war General Béthouart, damals Senator für Marokko, der einmal mit seiner Gemahlin Caux besucht hatte. Er führte Buchman bei seinen französischen und marokkanischen Bekannten ein.

Was nun geschah, war das Gegenteil einer spektakulären Initiative. Buchman wußte, daß er auf vulkanischem Boden wandelte. Er wurde mit seinen Freunden da und dort eingeladen. Er hörte aufmerksam auf das, was seine Gastgeber sagten; er interessierte sich für ihre Probleme. Seine jüngeren Begleiter spielten Tennis mit den Einheimischen.

General Béthouart machte ihn mit dem Sohn des allmächtigen Pascha El Glaoui von Marrakesch bekannt. Der gefürchtete Stammesfürst hatte sich ganz auf die Seite Frankreichs geschlagen, und das Gewicht seiner Autorität hatte es möglich gemacht, daß die französische Regierung im Jahre vorher den Sultan Sidi Mohammed ben Yussef verbannen konnte. Der Gegensultan Ben Arafa besuchte in diesen Tagen Marrakesch. Ein Attentat wurde von den Nationalisten gegen den Glaoui verübt, als er zum Gebet in der Moschee verweilte; kurz darauf fand ein Anschlag gegen den Sultan Ben Arafa statt. Der Terror herrschte, ein blutiger Bürgerkrieg drohte auszubrechen.

Ein junger französischer Siedler, ein Freigeist, der dem Marxismus zuneigte, hatte auf Drängen einer Verwandten hin Frank Buchman einen Besuch abgestattet. Er kam ins Gespräch mit einem gleichaltrigen Akademiker aus Oxford. Was ihn am meisten beeindruckte, war die Sache mit dem Auf-die-innere-Stimme-Hören. Auf seine Einwände hin machte der Oxforder den Vorschlag, es einmal zu probieren. Widerwillig schwieg der Franzose zehn Minuten lang. Als ihn der andere fragte, was er gedacht habe, antwortete er, er habe überhaupt keinen Gedanken gehabt. Lachend sagte der Engländer, er sei ein Unikum in der Weltgeschichte, er müsse der einzige Mensch sein, dem es gelinge, zehn Minuten lang absolut gedankenlos zu sein. Die Sache ließ den Siedler nicht los. Heimlich fing er an, am Morgen auf die innere Stimme zu horchen. Das Resultat war erstaunlich, denn eines Tages ließ er seine marokkanischen Landarbeiter in seine Villa kommen. Er erklärte ihnen, er wisse, daß für sie als Moslems der Alkohol verboten sei. Was für sie als Anhänger Mohammeds eine Sünde sei, sei für ihn, den Franzosen, eine Schwäche. Er übergab ihnen den Schlüssel zu seinem Weinkeller: Sie sollten alle Flaschen heraufholen, in eine Grube werfen und begraben. Die Marokkaner machten daraus ein Fest, zündeten den ausfließenden Spiritus an und deckten dann den Scherbenhaufen zu.

An einem der nächsten Tage hatte der Franzose einen andern Gedanken. Er ging zum jungen Landwirtschaftsexperten, der erfolgreich die Heuschreckenplage auf seiner Siedlung bekämpft hatte, dankte ihm für seine Bemühungen und entschuldigte sich, daß er als arroganter Franzose ihn nicht schon früher persönlich aufgesucht habe. Der Marokkaner war zugleich erstaunt und mißtrauisch. Er erkundigte sich bei den Landarbeitern, was sie von ihrem Boß hielten. Sie erzählten die Geschichte mit den Flaschen. Das machte Eindruck. Eine andere Episode spielte sich nebenher ab: Die kleine Tochter des Experten, sein Augapfel, war nach vorheriger Zurückweisung auf die Fürsprache eines französischen Schulinspektors hin, der in Caux gewesen war, in die europäische Schule aufgenommen worden. Das machte den Marokkaner nun doch begierig zu wissen, was denn dieses Caux sei, von dem beide Franzosen gesprochen hatten. So nahm er die Einladung für die Sommerkonferenz an. Man wußte allerdings nicht, was für ein explosives Element man nach Caux eingeladen hatte. Aber schon beim ersten Meeting erwies es sich, daß man es mit einem Führer der nationalistischen Untergrundbewegung zu tun hatte. Der kanadische Arzt, der die Versammlung leitete, bekam einen Zettel zugeschoben, es sei eben ein Marokkaner angekommen. Er benutzte die Gelegenheit, um von der Gastfreundlichkeit der Araber zu sprechen, und erwähnte dabei den Sohn des Glaoui, der sie fürstlich bewirtet habe. Da fuhr der Marokkaner auf, stürzte sich am Schluß des Meetings auf den Sprecher: Er habe gedacht, Caux sei heiliger Boden, wie es möglich sei, daß man den Glaoui nenne, welcher der Teufel in Person sei. Wenn der Name noch ein einziges Mal falle, werde er Caux sofort verlassen. Der Freund Buchmans hörte ihm ruhig zu und lud ihn zum Mittagessen ein: Er möchte gerne seine Meinung über die Zustände in Marokko hören. Der Gast brannte vor Erregung. Während er das gute Essen kalt werden ließ, blieb sein Gastgeber still und sagte dann, es sei ihm ein einziger Gedanke gekommen: «Sie sind Gott so nahe wie dem Menschen, von dem Sie sich am weitesten entfernt fühlen.» Das machte den hitzigen Marokkaner stutzig. Er war ein frommer Moslem, und der Gedanke, daß er Gott so ferne sei, wie er in seinen Gefühlen vom Glaoui entfernt war, ließ ihm keine Ruhe. Er besprach sich nach seiner Rückkehr mit seinen nationalistischen Freunden. Mit zwei seiner Gefährten wurde er durch Vermittlung Si Sadeqs, des Paschas Sohn, der ein Freund Buchmans geworden war, vom alten Glaoui empfangen. Er sagte, daß er an seiner politischen Überzeugung festhalte, daß er aber wisse, daß es für einen Anhänger Mohammeds Sünde sei, seinen Bruder zu hassen, darum bitte er um Verzeihung. Der Pascha war zu Tränen gerührt. Er umarmte seinen jungen Widersacher und lud ihn zum Essen ein. Das Ergebnis des Tischgesprächs war, daß der Glaoui im Moment, da der Kronrat stattfinden sollte, der bestimmt war, Ben Arafa zum Gegensultan zu ernennen, ein öffentliches Treuegelöbnis zum rechtmäßigen Sultan bekanntgab. In der Weltpresse nannte man das «die Bombe des Pascha von Marrakesch». El Glaoui ging in der Folge nach Paris, und das Bild seines Kniefalls zu Füßen des jungen Sultans ging durch alle Illustrierten der Welt. Die *Times* kommentierte das Ereignis, indem sie einerseits die Worte des Sultans anführte: «Das Vergangene ist vergessen. Wir sind alle Söhne Marokkos. Nur noch die Zukunft zählt» – und andererseits von der «Noblesse und Größe» des Pascha sprach.

Aufgrund der Versöhnung zwischen dem alten Stammesfürsten und dem Sultan, der als König Mohammed V. die Herrschaft über sein Land übernahm, konnte die Unabhängigkeitserklärung Marokkos erfolgen. In den Verhandlungen, die aus diesem Anlaß stattfanden, spielte der Ministerpräsident Si Bekkai eine entscheidende Rolle. Er war auch in Caux gewesen und schrieb im August 1955 von Aix-les-Bains aus, wo über den neuen Status von Marokko verhandelt wurde, an Frank Buchman: «Ich kann Ihnen versichern, daß ich bei diesen Verhandlungen nie die vier moralischen Maßstäbe der Moralischen Aufrüstung aus dem Auge verloren habe...» Und im Juni des folgenden Jahres sandte der Sultan, König Mohammed V., Frank Buchman eine Botschaft: «Ich danke Ihnen für alles, was Sie in diesen Zeiten der Prüfung für Marokko, die Marokkaner und mich getan haben. Militärische Aufrüstung hat versagt. Moralische Aufrüstung ist das Wesentliche. Mein Wunsch ist, daß Ihre Botschaft, die auf den wesentlichen moralischen Werten und auf dem Willen Gottes beruht, die Massen dieses Landes erreiche. Wir haben volles Vertrauen in das Werk, das Sie tun.»

MANNSCHAFTEN ALS KERNZELLEN DER GESCHICHTE

Geschichte in Bewegung

Lebendige Geschichte hat immer den Zug zum Ganzen. Aber sie verwirklicht sich nicht in den Wolken, sondern auf dem harten Erdboden. Ihre gestaltende Kraft ist eine neue Idee. Ihr Material sind Menschen von Fleisch und Blut. Ihre sichtbare Gestalt ist eine neue Gesellschaftsform.

Es ist klar, daß niemand die Probleme der Welt lösen kann, der nicht mit seinen persönlichen Problemen fertig wird. «Man kann nicht eine gute Omelette mit faulen Eiern machen», hörte man Frank Buchman oft wiederholen. Die Umwandlung des Menschen kann nicht an der Oberfläche geschehen. Man muß den Mut haben, durch die Hölle zu gehen. Buchman hatte den Blick für die Verkehrtheiten und Perversionen der menschlichen Natur, weil für ihn die absoluten moralischen Maßstäbe der

Ehrlichkeit, Reinheit, Selbstlosigkeit und Liebe Leitsterne des Handelns waren. Leitsterne sind nicht dazu da, daß man sie erreicht, sondern daß man sich bei jedem Schritt genau nach ihnen ausrichtet. Wer es tut, merkt sofort, wenn er in die falsche Richtung gegangen ist und was er tun muß, um in die gute Richtung zu kommen. Er steht vor einer Entscheidung. Wagt er es, den ersten Schritt in die neue Richtung zu tun – Ehrlichwerden mit dem Nächsten, Wiedergutmachung einer unbeglichenen Schuld –, dann kommt etwas in Bewegung, das letzten Endes die Geschichte in Gang bringen kann.

Tausende von Männern und Frauen, alten und jungen, in allen Ländern der Erde, leben in einer Art Laienorden, indem sie in der Welt ihren Beruf ausfüllen, aber im Blick auf das Überhandnehmen von Willkür, Besitzgier und sittlicher Verwilderung in der heutigen Gesellschaft sich dem Gelübde des Gehorsams, der Armut und der Reinheit unterziehen: Gehorsam durch das Hören auf die göttliche Führung, Armut als Gelöstsein vom Druck des Eigentums, Reinheit als Freiheit vom Zwang des Geschlechtes. Das alles aber nicht als Moral um der Moral willen, sondern als Zugang zu einer neuen Dimension des Lebens: «Selig sind, die reinen Herzens sind, denn sie werden Gott schauen.»

Das bedeutet, daß eine Kraft ins Spiel kommt, die aus einer Tiefe quillt, die tiefer ist als der Mensch. Hier stoßen wir auf den Nerv der Sache:

Als Frank Buchman seine eigene Schuld sah und Vergebung erfuhr, bat er seine Widersacher schriftlich um Verzeihung. In diesem Augenblick verschob sich für immer der Schwerpunkt seines Lebens von seinem Ich auf

Gott. «Ein Gefangener», sagt Gabriel Marcel, «war aus dem Kerker ausgebrochen. Er war ein freier Mann geworden.»

Die innere Führung wurde die bestimmende Macht seines Lebens. Er lernte, immer genauer auf die Stimme Gottes zu lauschen.

«Buchman lebte in der Welt des Lärms aus der Welt des Schweigens heraus», schrieb der katholische Politiker und Publizist K. Wick im *Vaterland*. «Das war sein großes Geheimnis. Täglich horchte er in der Morgenfrühe auf die ‹stille, sanfte Stimme›, um zu wissen, was er zu tun habe. Er hat die Stille der inneren Sammlung von den Klöstern ins Arbeitszimmer von Ministern, ins Büro von Industriellen, auf den Werkplatz des Arbeiters getragen. ‹Wir können eine so tiefe Befriedigung in diesem Schweigen finden›, sagte er einmal, ‹daß die innere Sammlung die tägliche Quelle unseres Denkens und schöpferischen Lebens werden wird. So kann die Stille zur lenkenden Instanz der Menschen und Nationen werden. Denn nur in der Stille wird die göttliche Führung vernehmbar.›»

Das Äußere und Innere gehören bei Frank Buchman untrennbar zueinander: Führung ist der innere Antrieb zur Änderung, Änderung das Sichtbarwerden der Führung. Wo beides zusammenwirkt, da gerät die Weltgeschichte in Fluß.

Man kann von jeder Seite her in diesen göttlichen Stromkreis gelangen, aber nur wer die Not der Welt vor Augen hat, wird zu einer Tiefe und Weite der Änderung bereit sein, die über das Private hinausgeht. Man kann auch ohne Glauben an Gott den Weg der Änderung betreten. Sobald man aber konsequent sein Leben nach absoluten Maßstäben ausrichtet, kommt man eines Tages an die Stelle, wo man mit eigener Kraft nicht weiter gehen kann und wo dann unerwartet das Wunder eintritt, daß man sich von einer Macht ergriffen sieht, die alle Grenzen sprengt.

Das Aktuell-Prophetische, das Geniale an Frank Buchman ist, wie er bei diesem ganzen Prozeß die Sprache in ihr Königsrecht einsetzt. Der Mensch wird mündig, indem er spricht. In dieser neuen Offenheit wird die Sprache zum Band der Gemeinschaft. Man lernt, offen miteinander zu reden, und dabei lösen sich auf ungeahnte Art innere und äußere Konflikte. Das eigentlich Revolutionäre, das sich mit den neuesten Erkenntnissen über die Sprache trifft, ist, daß das Reden ein Handeln ist: das Wort wird Fleisch. Es ist ein Vorgang von Gott her, denn «am Anfang war das Wort, und das Wort war bei Gott, und Gott war das Wort».

So offenbart sich die Sprache in ihrer eigentlichen Bedeutung: als Dialog Gottes mit dem Menschen, als Dialog des Menschen mit dem Nächsten. Um den andern zu hören, muß man schweigen. Die Stille ist das innerste Geheimnis der Sprache.

Dieses Schweigen hat aber eine Bedeutung, die tief ins Fleisch schneidet. Es bedeutet das Schweigen der eigenen Wünsche und Begierden – «Nicht mein Wille, sondern dein Wille» – das Kreuz.

Das ist keine weltfremde, übermenschliche Forderung, sondern genau das, was den Menschen zum Menschen macht und von Mensch zu Mensch die neue Gesellschaftsform aufbaut. Der Kern dieser neuen Ordnung ist eine militante Minorität, die «Mannschaft».

Die Mannschaft war Frank Buchmans Augapfel; seine vornehmste Sorge war, sie als Einheit aufzubauen, vor Zersplitterung zu bewahren und jeden einzelnen zu seiner höchsten Bestimmung zu führen.

«Ich wollte, ich könnte meine Jagdhunde dazu bringen, als Meute zu jagen, statt daß jeder auf eigene Jagd geht.»

Wenn er an die Zeit nach seinem Tode dachte, war seine einzige Sorge, wie es seiner Mannschaft gehen werde: «Wenn ich nicht mehr da bin, so denkt daran, daß der einzige Weg, eine Mannschaft zu führen, darin besteht, es selbstlos zu tun. Meine größte Sorge ist, daß einzelne unter euch nie imstande waren, eine Einigkeit unter der Mannschaft zu schaffen, die für eine allumfassende Einheit Zeugnis geben würde (a great sample of an overarching unity).»

«Meine Vision für die Mannschaft ist, daß sie als solche die ganze Verantwortung übernehmen soll. Mein Grundgedanke ist: absolute Mannschaftsführung – Schulter an Schulter – für die Zukunft. Nicht Franks Plan, noch Morris', Mikes oder Bills, sondern einzig und allein der Plan des Heiligen Geistes – die Einheit der Gesinnung einer Gruppe von Menschen, die aus dem Heiligen Geist geboren wird. In der ersten Zeit werdet ihr mit einigen Brüchen (breakages) zu rechnen haben.»

Eine große Sache lag ihm am Herzen: «Wenn die Zeit

gekommen ist, da ich gehen muß, vergeßt nicht, daß ihr alles, was ihr tut, in Beziehung zum modernen Leben bringt.»

Aber gleichzeitig bedeutete das für ihn: «Bringt eure ganze Tätigkeit in Beziehung zu Christus. Das heißt nicht, daß ihr jederzeit in der Lage sein werdet, von Christus zu sprechen.»

Der Test für die Bildung und Führung einer Mannschaft ist und bleibt für Frank Buchman permanente Änderung – eigene Änderung und Änderung der andern.

Prof. Streeter bat um Rat, wie er zu einer Versammlung von Professoren in Skandinavien sprechen solle, er habe einige interessante akademische Themen, über die er reden könnte. Buchmans Antwort war: «Das Neueste für die Professoren wird sein, einen geänderten Professor zu sehen – einen Professor, der die Antwort auf das Einzelgängertum hat und das Vertrauen der jungen Generation genießt, weil er sie wirklich versteht. Einer der Professoren, den ich in Genf kennenlernte, geht täglich zum Flughafen, um zu sehen, wie die Flugzeuge landen. Er hätte viel mehr Spaß, wenn er mit den Leuten, die landen, zusammenkäme.»

Die beste Hilfe, die Buchman in dieser Schule für Führerschaft andern geben konnte, war, sie an einer Expedition teilnehmen zu lassen. Einer vornehmen älteren Dame schlug er vor, mit einer Mannschaft nach Amerika zu reisen: «Der Gedanke drängt sich mir auf, daß der erste Schritt der ist: eine Entdeckung anderen weiterzugeben. Das ist ein natürlicher Anknüpfungspunkt. ‹Ich habe etwas absolut Neues für mich und meine Altersgenossen gefunden.› Das wird Neugier erwecken, wie jede Entdeckung es tut. Ein Abenteuer unter Gottes Führung wird Ihnen Gelegenheit geben, Ihren Freunden und Ihrer Familie etwas zu erzählen. Ich sage nicht, Sie sollen nach Amerika gehen. Die bloße Bereitschaft zu gehen, mag ein erster Schritt sein.

Ich muß Ihnen klar sagen, daß es mir nicht darum geht, ein neues Kriegsbeil zu schleifen. Persönlich wäre mir nichts lieber, als im Schatten des Privatlebens zu ruhen. Doch muß auch gesagt werden, daß vielen, die in der selben Situation sind, durch eine offene Aussprache geholfen werden kann… Sie selber haben das Amt einer Botschafterin ausgeübt. Man kann auch eine Art Botschafterin für Christus sein.»

Um eine Mannschaft aufzubauen, braucht es, wie Buchman oft sagte, geistige Einbildungskraft (develop spiritual imagination). Einem seiner Freunde, der seine jungen Anhänger an einer Universität mit mißgünstigen Augen beobachtet hatte und ihm schrieb: «Frank, all Ihre Schwäne sind nichts als Gänse», erwiderte er: «Was hätten Sie von den zwölf Jüngern gesagt?» Einem Mitarbeiter, dem er als Hilfe einen Jungen, der sich aber nicht bewährte, zugeteilt hatte, schrieb er: «Du mußt unsern Freund mit andern Augen ansehen. Wir brauchen eine Erweiterung des Herzens. Es gilt mit allerhand Leuten auszukommen. Wie willst Du die Welt ändern, wenn Du die schwierigen Leute, die mit Dir zusammenleben, nicht ändern kannst? Und vergiß nicht, daß das Mobiliar eines Herzens von einem Moment auf den andern geändert werden kann.

Ich will kein Schulmeister sein, obgleich gesagt wird, ich nehme zu wenig Rücksicht auf die Gefühle anderer.

199

Du kannst nicht im Reich der Ideen wohnen. Du mußt da leben, wo die Menschen sind. Ich aß heute mit einem Hochkommissar und seiner Gemahlin. Sie leben in einer unmöglich materialistischen Welt. Ich könnte keinen Augenblick darin leben. Aber so sind sie. Die Kunst ist, imstande zu sein, alle möglichen Leute jederzeit in Bewegung zu setzen.»

Frank Buchman hatte für Leute, die sich ändern wollten, jede erdenkliche Geduld, nicht aber für solche, die bloß für Diskussionen zu haben waren:

«Der Christ alten Stils will bei seiner Meinung bleiben. Er weiß wenig vom aufrüttelnden Wind des Heiligen Geistes. Ich ändere meine Meinung immer wieder. Ich könnte nicht arbeiten, wenn sich mein Leben in starren Schranken bewegte. (I couldn't work if I lived in compartments.)

Bei der Änderung kommt es auf die Perspektive an: «Es braucht mehr, als Menschen bei ihren eigenen Problemen zu helfen. Das tun wir auch – aber *wir* tun es nicht, *Gott* tut es.

Doch muß ein weiteres geschehen: Es ist für diese Leute eine ganz neue Dimension, wenn ihr sie über ihre eigenen Probleme hinweg in die Probleme der Welt versetzt. Dann ändern sie sich wirklich.»

Buchman ließ sich nicht durch Fehler aufhalten, weder durch die eigenen noch durch solche der andern. Eine Dame machte einen Fehler, der eine wilde Attacke der Presse heraufbeschwor. Als man sie darauf aufmerksam machte, zog sie sich grollend in Untätigkeit zurück. Nach sechs Jahren schrieb sie endlich einen Entschuldigungsbrief. Buchman darauf: «Oh, es tut mir leid. Es tut mir sehr leid. Warum so lange der ausgeschütteten Milch nachtrauern? Ich glaubte, Sie seien eifrig beim Melken der Kühe. Das einzige, was nach ausgeschütteter Milch zu tun übrigbleibt, ist Kühe zu melken.

Doch das ist Vergangenheit. Jetzt gilt nichts als: Auf zum Kampf!

Wir müssen an der Front bleiben. Es gibt so viel zu tun, um England zu ändern. Mein Gott, dieses Land braucht Einigkeit, und zwar schnell. Gott möge Sie reichlich segnen.»

Weil Buchman in sich den Wunsch, sich beliebt zu machen, überwunden hatte, konnte er mit den Leuten deutlich reden.

«Wenn ich darauf ausginge, könnte ich beliebt sein und den Leuten auf die Schulter klopfen. Wir helfen aber den Menschen mehr, wenn wir das Schwerere tun, das uns unbeliebt macht.»

Von einem bekannten Theologen schrieb er: «Er kann nie zwischen der Ursache einer Krankheit und ihrem Symptom unterscheiden. Und zwar darum, weil er versucht, sich beliebt zu machen, und immer noch im Schatten persönlicher Anerkennung wandeln möchte.»

Frank Buchman war immer bereit, seine Fehler einzugestehen und wiedergutzumachen.

An Sir Lyndon Macassay schrieb er im Juli 1938: «Verzeihen Sie mir mein gestriges Versagen. Mein Fehler war, daß ich den schöpferischen Plan, den Sie sicher bereithielten, nicht herauskommen ließ. In meinem Eifer habe ich zu viel geredet. Ich hätte mehr hören sollen. Bitte, vergeben Sie mir.»

Wenn es aber um das Wesentliche ging, kannte Frank

Buchman keine Rücksicht der Person. Einer Prinzessin, die einer moralischen Entscheidung auswich, weil sie eine öffentliche Wiedergutmachung erfordert hätte, schrieb er unverblümt: «Sie verlangen alles von andern und geben selber nichts. Das Gute, das Sie Ihrem Lande geben möchten, wird dadurch unmöglich.

Das ist nicht der revolutionäre Geist, der Ihr Land und Ihre Familie retten könnte. Kein Wunder, daß Länder wie das Ihrige der Revolution des Kommunismus offen stehen. Das ist die natürliche Konsequenz der Haltung von Menschen wie Sie. Es ist höchste Zeit, daß man Ihnen die Wahrheit sagt...

Was die Wirkung auf die Öffentlichkeit anbelangt, so lassen Sie mich frei heraus sagen, daß ein vornehmer Name ohne persönliche Deckung keine Trumpfkarte ist. Hätte jemand den Mut gehabt, an Fürstenhöfen die Wahrheit zu sagen, wären Kaiserreiche nicht zusammengestürzt. Sie selber sind in einer sehr ernsten Lage, und wenn Sie sich nicht ändern, werden Sie selbst an allem schuld sein, was über Sie kommen wird.»

Buchman konnte das nur sagen, weil er einen inneren Halt hatte, der nicht aus eigener Kraft kam: «Ich bin es nicht, der anderen einen Halt gibt, es ist der Heilige Geist. Hinge es an mir, so wäre das eine armselige Angelegenheit, eine tragische Fehlentwicklung. Es gibt keine andere Disziplin, als vom Heiligen Geist gehalten zu werden.»

Und ein ander Mal: «Sei direkt. Ich schmeichle nie. Ich habe eine lange Nase und rieche, wenn etwas faul ist. Manchmal möchte ich, ich hätte keinen solchen Geruchsinn.»

Von sich selber sagte Buchman: «Ich hänge davon ab,

daß der lebendige Gott und meine eigene Disziplin zusammenwirken... Als mein Vater seine schwarzen Pferde vor sich hertrieb, hörte man gelegentlich sein ‹Hü-ho›, und Gott bewahre, wenn sie nicht augenblicklich anhielten: Auch wir brauchen jemanden, der gelegentlich ‹Hü-ho› sagt, ob es uns gefällt oder nicht.

Ich erinnere mich an das letzte Mal, als mich der Vater mit der Peitsche züchtigte. Ich mochte es nicht und haßte meinen Vater eine Zeitlang. Wir mögen den nicht, der ‹Hü-ho› sagt.»

Sein Ausspruch: «Ich treibe meine Sünden vor mir her wie ein Pferdegespann», zeigt, wie Frank Buchman negative Kräfte in positive Energien verwandelte.

Wie genau er es aber nahm, geht aus dem hervor, was er seinen jungen Gefährten am Tag nach einem großen Erfolg sagte:

«In eurem Zusammenleben müßt ihr klaren moralischen Linien folgen. Laßt die Führung Gottes weit genug gehen, daß sie jeden Winkel eures gemeinsamen Lebens aufhellt. Es ist gut, einander zu lieben, aber wahre Liebe schneidet scharfe Ränder.»

Als er einen Mangel an Klarheit feststellte, sagte er: «Einige unserer Leute sind steril geworden, weil sie es mit der Reinheit nicht mehr genau nahmen.»

Buchman war auf Disziplin bedacht, aber er achtete auch auf ihre Gefahren.

«Seid um eure Gesundheit besorgt, aber unbesorgt um euer Leben.»

Einem holländischen Freund schrieb er: «Ich habe eine Sünde: Überarbeitung, und so habe ich nicht genügend Zeit für meine Freunde.»

Einem andern Kampfgefährten schrieb er: «Mein besonderer Gedanke für Dich ist, daß Du nicht jeden Hügel, den Du siehst, hinaufrennst. Das ist unnötig. Du mußt aufhören, auf Kosten Deiner Nerven zu leben... Meine Vision für Dich ist, daß Du wie einer dieser guten bayrischen Bierwirte, sogar noch etwas rundlicher aussehen mögest.»

Für Buchman bedeutete das kein Sichgehenlassen. Er betonte den Wert einer gründlichen praktischen Ausbildung. Einem seiner jungen Helfer erzählte er von einem Gespräch, das er mit einem Geschäftsmann hatte, der ein Hindernis für Buchmans Werk darin sah, daß viele seiner Mitarbeiter nicht die Disziplin erworben hätten, die man bekomme, wenn man eine strenge Lehrzeit von Anfang an durchgemacht habe.

«Ich fühle», fügte Buchman hinzu, «daß alles, was mir Gutes widerfahren ist, davon herkommt, daß ich Briefmarken geleckt habe und am Anfang alle Arbeit selbst machen mußte. Heute aber gibt es Leute, die um billigen Preis die Frucht der harten Arbeit anderer für sich in Anspruch nehmen. Sie legen die Last ihrer Unerfahrenheit den andern auf und wissen nicht, daß Qualität nur erworben wird, wenn man durch harte Schläge, Verfolgung, Unverständnis hindurchgeht.»

Doch ging für Frank Buchman «handwerkliche» Sauberkeit bei der Arbeit Hand in Hand mit äußerster Behutsamkeit im Umgang mit den Menschen:

«Ich fühle, daß manche von euch mehr von Diagnose als von Therapie verstehen. Sie reden über andere, anstatt um ihre Heilung besorgt zu sein. Ich hoffe, daß jede Sekretärin ebenso perfekt in ihrem persönlichen Umgang mit Menschen ist, wie in ihrer beruflichen Arbeit.» – Eines Tages kam Buchman mit einem reifen Pfirsich ins Büro: «Jedes Mädchen sollte so aussehen. Diese Frucht ist ganz natürlich so, wie sie ist. Sie strengt sich nicht an, etwas anderes zu sein. Wenn Amerikas Frauen so wären, würde alles Hetzen aufhören und die stille Stimme Gottes könnte von ihnen Besitz ergreifen.»

Buchmans Geheimnis war, daß er seine Kraft, die Kraft seiner schöpferischen Reinheit, aus dem täglichen Kontakt mit Gott bekam. Dieser Kontakt wurde real im Hören auf Gottes Stimme. Als ihn jemand nach dem Unterschied zwischen «Meditation» und «stiller Zeit» fragte, nahm er, ohne ein Wort zu sagen, einen Bleistift aus der Tasche und hielt ihn dem andern vor die Augen. «Wenn Sie sehen könnten, was in meinem kleinen schwarzen Notizbuch steht, würden sich Ihnen die Haare auf dem Kopf sträuben. Es ist spannender als jeder Kriminalroman.»

Jede Morgenfrühe war für ihn mit unendlicher Erwartung erfüllt.

«Was könnte ein Mann an einem solchen Morgen tun, wenn er darauf ausginge, die Welt zu verändern!»

Über die Quelle seiner Inspiration ließ Frank Buchman keinen Zweifel aufkommen: «Ihr kommt nicht sehr weit, wenn ihr die Bibel über Bord werft. Ihr werdet keinen Lincoln bekommen ohne Bibel. Wenn nur heute der Präsident auf dieser Basis lebte!»

«Mach die springenden Punkte der Bibel zu deiner Erfahrung.»

«Ich könnte nicht aus dem Haus gehen, ohne meine Bibel gelesen zu haben – es wäre für mich, wie wenn ich nicht richtig angezogen oder nicht rasiert wäre.»

Carl Hambro, der norwegische Politiker, teilte eines Tages Frank Buchman mit, er sei zu einer Vortragstournee an amerikanischen Universitäten eingeladen. Buchman schlug ihm vor, eine Mannschaft mitzunehmen. Hambro hatte zuerst Bedenken, nahm aber dann Buchmans Vorschlag an. Nachträglich war er erstaunt über die Wirkung seiner Reise und über das Echo, das er im amerikanischen Volk fand.

Von Mackinac aus sandte Frank Buchman vier junge Leute aus, um Lateinamerika zu erobern. Sie waren natürlich perplex und kamen zu ihm, um Instruktionen zu holen. Er lag in seinem Bett, richtete sich auf, nahm seine zwei Stöcke, stieß mit ihnen auf beide Seiten des Bettes: «Ihr nehmt zwei Pfosten und pflanzt sie in die Erde. Dann spannt ihr eine Schnur von einem zum andern, hängt euch an diese Schnur wie ein frischgewaschenes Hemd an einer Wäscheleine und läßt den Wind des Himmels durch euch wehen. Das ist alles.»

Drei Monate später kamen sie mit einem Sonderflugzeug nach Mackinac zurück, vollbesetzt mit Vertretern aller Schichten: Generälen, Damen der Gesellschaft, Studenten, Gewerkschaftlern mit ihren Frauen, Hafenarbeitern – jenen Hafenarbeitern mit Messer und Revolver im Gürtel, die darauf innerhalb weniger Jahre Terror und Korruption im Hafen von Rio durch die freie Luft der

Demokratie verdrängten und später durch einen Film ihre Geschichte darstellten, einen Film, der über die ganze Welt lief.

Ganz anders antwortete Frank Buchman einer Gruppe holländischer Studenten, die ihn beim Abschied fragten, wie sie als Mannschaft das Klima ihrer Universität ändern könnten. Er gab ihnen fünf Punkte: erstens Humor – man ändert niemanden mit einem langen Gesicht. Zweitens Demut – benützt eure geheilten Schwächen. Man überzeugt niemanden, indem man sich als den starken Mann eigener Kraft aufspielt. Drittens Realismus – geht keinen Schritt über eure Erfahrung hinaus, bleibt mit beiden Füßen auf dem Boden. Viertens Perspektive – gebt ihnen ein großes Ziel. Fünftens Schweigen – sprecht nicht zuviel, hört auf das, was der andere sagt.

Eines Nachts gegen drei Uhr wachte Buchman mit dem Gedanken auf: Afrika wird durch ein Theaterstück zur Welt sprechen. Am Morgen ließ er die Afrikaner, die anläßlich einer Konferenz in Caux waren, zu sich kommen. Er teilte ihnen seinen Gedanken mit. Sie waren zuerst verblüfft, denn sie hatten noch nie ein Stück geschrieben. Ratlos gingen sie in einen andern Raum. Es waren Männer und Frauen verschiedener Länder, verschiedener Stämme. Sie fingen an, von ihren Problemen und den Nöten ihres Landes zu sprechen. In der Stille kam ihnen blitzartig ein Gedanke nach dem andern. Nach ein paar Tagen war bereits der Rohbau eines Dramas da, und sie waren zu einer Mannschaft zusammengewachsen. Sie hatten den Mut, das Schauspiel in Caux aufzuführen. Dann ging es unter dem Namen *Freiheit* in London über die Bretter. Als Film in viele Sprachen übersetzt, gab es ein Bild des neuen Afrika und brachte auch in der Dritten Welt viele einer Lösung ihrer Probleme näher. Als Yomo Kenyatta noch als Mau-Mau-Führer im Gefängnis saß, verlangte er, daß dieser Film auf Suaheli synchronisiert werde. Er übte in einigen Ländern Afrikas eine solche Wirkung aus, daß blutige Aufstände verhindert wurden.

Eine Gruppe Japaner besuchte Frank Buchman in Tucson, Arizona, wo er zur Erholung weilte. Sie hatten große Pläne, wie sie in ihrem Lande die Moralische Aufrüstung verbreiten könnten. Buchman schaute sie lange schweigend an. Dann fragte er sie, welches das Hauptproblem ihres Landes sei. «Kommunismus», antworteten sie. «Unsinn», sagte Buchman, «ihr lebt in den Wolken.» Nach längerem Schweigen fingen sie an, von konkreten Problemen zu sprechen – von einem Minister, der sich von der Industrie ein Haus am See hatte schenken lassen, von einem andern, der eine russische Mätresse hatte, von den Machenschaften der Hochfinanz, die durch ein Doppelspiel mit China und Amerika hohen Gewinn herausschlug. «Seid ihr untereinander so einig, daß ihr diese Probleme gemeinsam anpacken könnt?» fragte Buchman. Sie verneinten es.

Als sie dann unter sich waren, fingen sie an, ehrlich zu werden. Dinge wurden aufgedeckt, die wie ein Hemmschuh jeder gemeinsamen Aktion im Wege standen. Als sie ihre Kompromisse bis auf den Grund geklärt hatten, entstand eine neue Durchsichtigkeit und Freude in ihren Beziehungen zueinander. Sie fühlten sich wieder als eine geeinte, militante Mannschaft. Sie gewannen eine neue Liebe zu ihrem Lande und schrieben aus dieser Einstellung heraus ein Schauspiel, das schonungslos Licht in die dunklen Hintergründe der Politik und Wirtschaft brachte. Als sie Buchman davon erzählten, sagte er ihnen: «Ihr müßt es wagen, dahin zu gehen, wo die Steine rauh sind, und wenn die Gegner auf euch schießen, werdet ihr den Dank der kommenden Generationen ernten.»

Das Schauspiel *Der Lichtstrahl* wurde in Tokio in einem Theater nahe dem Parlamentsgebäude aufgeführt. Nach der Premiere kam ein Sicherheitsoffizier erschrocken hinter die Bühne: «Das kann nicht weiter aufgeführt werden», schrie er, «das sind pure Verleumdungen.» Sie blieben fest. Nach einer Woche kam er wieder. «Ich habe alles untersucht, es ist die Wahrheit, spielt nur weiter, das ganze Land muß es wissen.»

Frank Buchman zog auch selber mit großen Mannschaften aus, um die schlafende Seele der Völker zu wecken. Im Oktober 1952 reiste er auf Einladung verantwortlicher Führer asiatischer Länder nach Ceylon und Indien. Es war für ihn vertrauter Boden. Aber für die Mannschaft war es ein erschütternder Kontakt mit der Weltnot. Sie sahen die Hunderttausende, die hungernd die Nacht über auf den Straßen lagen, Mütter mit toten Säuglingen an der Brust.

Eine neue harte Einsicht in die wahren Bedürfnisse der Menschheit tat sich in den Reden Frank Buchmans kund:

«Die Menschen hungern nach Brot, Frieden und der Hoffnung auf eine neue Weltordnung. Angesichts einer von Gott geschaffenen Einigkeit wird sich auch das letzte Problem lösen: Leere Hände werden mit Arbeit gefüllt, leere Mägen mit Nahrung, leere Herzen mit einer Idee, die wirklich sättigt...

Hier liegt die Heilung von Verwirrung: Gott zur entscheidenden Autorität zu machen – nicht nur mit den Lippen ja zu sagen, sondern mit der Disziplin unseres Lebens. Das macht uns natürlich und echt. Man braucht nie mehr zu versuchen, klüger und besser zu erscheinen, als man ist...

Verwirrung kommt von Kompromiß – Klarheit kommt aus Änderung...

Wir sprechen von göttlicher Führung, vergessen aber, daß nur die Gott schauen, die reinen Herzens sind...»

Im Frühjahr 1955 hatte ein nordischer Staatsmann den Gedanken, mit einer Gruppe seiner Kollegen eine Reise durch Asien zu unternehmen, um eine Anzahl Regierungshäupter mit den Ideen der Moralischen Aufrüstung bekannt zu machen. Er schrieb in diesem Sinne einen Brief an Frank Buchman. Er bekam bald eine zustimmende Antwort, dazu das Anerbieten, als schlagkräftige Unterstützung eine größere Mannschaft und ein musikalisches Schauspiel mit auf die Reise zu nehmen. Der Staatsmann erschrak. Er stellte sich die Gesichter seiner ehrenwerten Kollegen vor, denen er einen solchen Vorschlag unterbreiten sollte. Er nahm den Brief Buchmans mit nach Paris, wo sich über ein Wochenende einige Verantwortliche trafen, um über Pläne für das kommende Jahr zu beraten. Am Sonntag früh zeigte er den Brief einem Schweizer, von dessen nüchternem Sinn er Verständnis für seine Bedenken erhoffte. Es traf sich, daß der Schweizer auch einen Auftrag von Buchman bekommen hatte, der seine Fähigkeiten nach seinem Gefühl weit überstieg. So sagte er dem verängstigten Staatsmann: «Wir sind im gleichen Boot. Zum Glück haben wir hier gute Freunde, mit denen wir die Sache besprechen können.»

Es war ein stiller Sonntag, an dem mehr geschwiegen als geredet wurde. In die langen Pausen der Besinnung wehte der Wind vom Himmel. Die Herzen wurden im Blick auf die Not der Welt bereit, das Ungewohnte zu wagen. Das war der Anfang. Im Juni 1955 reiste die «Ideologische Mission» der Moralischen Aufrüstung, welche 250 Teilnehmer aus 28 Ländern umfaßte, mit dem Musical *Die verschwindende Insel* von den Vereinigten Staaten aus durch Asien, den Mittleren Osten und Afrika. Im Laufe dieser über 50 000 km langen Reise waren sie Gäste der Regierungen in elf Ländern.

Peter Howard hat das große Abenteuer mit seinem spannenden Auf und Ab, mit den Widerständen und Durchbrüchen in seinem Buch *Eine Idee die Welt zu gewinnen* (Caux-Verlag 1955) packend dargestellt.

Frank Buchman empfing die «Ideologische Mission» bei ihrer Rückkehr in Caux. Vor dem Start in Mackinac gab er ihr die Gedanken seiner Weltrundfunksendung über die *Elektronik des Geistes* mit:

«Die Elektronik des Geistes – so einfach, so natürlich und so grundlegend. In ihr liegt der Schlüssel zu einer neuen Zeit.

Staatsführung ohne die Elektronik des Geistes, ohne Gottes Führung und Änderung gleicht dem Steuern eines Flugzeugs bei stürmischem Wetter über unbekanntes Gelände, ohne sich des Funks, des Kompasses und der Karte zu bedienen. Es ist ebenso unsinnig wie verbrecherisch. Es ist rücksichtslos egoistisch. Es führt unweigerlich zur Katastrophe.

Mit der Elektronik des Geistes wird eine Renaissance unaufhaltsam – und sie kann schnell kommen.»

Im gleichen Jahr hatte die afro-asiatische Konferenz von Bandung stattgefunden. Es war die erste Zusammenkunft der blockfreien Nationen, die Geburt der «Dritten Welt». Der Leiter der irakischen Delegation, Außenminister Dr. Fadhil Jamali, erklärte an der Eröffnungssitzung, moralische Aufrüstung sei die neue positive Dimension, welche die Welt brauche. Er prägte in seiner Rede die einleuchtende Formel: «Man kann nicht militärisch abrüsten, ohne gleichzeitig moralisch aufzurüsten.» Er schloß mit dem jedem Moslem vertrauten Vers des Koran: «Gott ändert die Verhältnisse eines Volkes nur, wenn der einzelne sich ändert.»

Die Frage stellt sich nun: Was wird aus Frank Buchmans Mannschaft in dieser sich über die ganze Erde mehr
und mehr ausdehnenden Expansion? Wie kann der innere
Impuls dieser Ausdehnung im Raume standhalten?

Frank Buchman sah auch die Gefahr, die der Erfolg
mit sich bringt. «Wir sind erfolgssüchtig geworden. Äußerer Erfolg ist für uns Ersatz für ein opferbereites Leben.
(We are event-minded because we have expected events to
substitute for sacrificial living.)» 1957 hat Frank Buchman
in einer plötzlichen Eingebung diese Gefahr geahnt. Als er
in Australien weilte und seine schon geschwächte Gesundheit durch die Reise gelitten hatte, sagte er der dortigen
Mannschaft:

«Was ihr braucht, ist Glauben. Wenn ihr nicht eine
Ideologie in Leben umsetzt, seid ihr verloren. Kein Nachlassen und keine Furcht. Wenn ihr Angst bekommt,
werden die um euch herum auch Angst bekommen.
(If you get the wind up, those around you will get
the wind up too.) Wenn ihr eine Mannschaft führen wollt,
müßt ihr bereit sein, geschlagen zu werden und zurückzu-
schlagen. Ihr müßt wissen, wann der Augenblick da ist, zu
handeln oder nicht zu handeln. Das ist Strategie. Ich muß
Entscheidungen treffen – manchmal können sie falsch
sein. Zuweilen habe ich furchtbare Dummheiten gemacht.
Aber ich tue mein Bestes, damit jeder um mich herum

etwas bekommt. Die Kunst ist, das Blickfeld eines jeden zu erweitern und eine Mannschaft aufzubauen.»

Als er kurz darauf eines Nachmittags in Neuseeland ausruhte, kam ihm der Gedanke: «Hurry, hurry, hurry – mach schnell, schnell, schnell.» Er eilte nach Europa und Amerika zurück und besuchte unterwegs die asiatischen Staatsoberhäupter, die ihn eingeladen hatten. Überall, in Japan, Formosa, Manila, Vietnam, Rangoon, gab die Begegnung mit ihm entscheidende Anstöße. U Nu, der damalige Ministerpräsident von Burma, flog eilends von seiner Sommerresidenz in den Bergen her, um ihn zu treffen. Es war der Monat des 2500. Jahres nach der Erleuchtung des Buddha. «Diese neue Ära», sagte Buchman, «kann eine Tür zu einer neuen Welt für alle Menschen öffnen. Jedermann kann von Gott erleuchtet werden.» Gespannt lehnte U Nu sich vor: «Das ist etwas, worüber ich mehr wissen möchte.» Buchman erzählte ihm, wie er für diese Reise eine ganz klare Führung bekommen habe. «Ich ruhte an einem Sonntagnachmittag in Neuseeland aus und hörte dabei ganz klar: ‹Hurry, hurry, hurry, gehe U Nu besuchen.› Der Plan erhellte sich Schritt für Schritt. Ich reiste über Tokio, und nun bin ich hier.» U Nu fragte: «Und Sie hörten es deutlich?» – «Genau», antwortete Buchman, «ich schrieb es auf. Gott gab dem Menschen zwei Ohren und einen Mund. Warum hören wir nicht zweimal soviel als wir reden?» U Nu erzählte dann von seinen eigenen Erfahrungen und wie er bestrebt sei, eine höhere Weisheit zu finden, um den Nöten seines Volkes zu begegnen. U Nus rechte Hand, der langjährige Generalsekretär der Vereinten Nationen, U Thant, nahm an diesem Gespräch teil. Beim Abschied kam Buchman wieder auf sein Thema zurück: «Wir im Westen haben keinen Glauben mehr, der sich im Leben auswirkt. (We do not live a faith any more.) Vielleicht werden die erleuchteten Männer, die die Welt in eine neue Zeit führen werden, vom Osten kommen.»

In Mailand hatte er nur elf Minuten Aufenthalt. An der Bahn begrüßte ihn die ehemalige Kommunistin Rolanda, die mit nur einem Bein an einer Krücke ging. «Wo ist Ihr Bruder Remo?» fragte Frank Buchman, der wußte, daß der Bruder schwerkrank war. «Er ist hier», sagte triumphierend Rolanda. Kurz darauf starb der Bruder. Frank Buchman ließ in Caux eine Messe für ihn lesen. «Er kam von seinem Sterbebett», berichtete Buchman, «um mir zu sagen, daß er seine Ehe in der Kirche segnen lassen werde. Wörtlich bemerkte er: ‹Ich will nur noch für die Zukunft meiner Kinder leben und für die neue Welt der Moralischen Aufrüstung.›» Buchman fügte hinzu: «Ich hatte nur elf Minuten zur Verfügung am Bahnhof. Ich glaube, daß vieles in kurzer Zeit geschehen kann. Darum gehen mir gewisse Christen auf die Nerven, die nur in Zeiträumen von Jahren denken.»

Hinter diesem drängenden Zeitgefühl war noch etwas Tieferes. Frank Buchman hatte es eilig, nach Mackinac zu kommen, wohin er seine engere Mannschaft eingeladen hatte. Er wußte warum.

Aus allerlei Anzeichen hatte Frank Buchman mit der feinen Witterung, die er besaß, herausgespürt, daß der engern Mannschaft, auf der die ganze Arbeit beruhte, eine Gefahr drohte. Er wußte aus eigener Erfahrung, wie leicht das Band zwischen innerer Sammlung und äußerer Tätigkeit zerreißen kann und wie der Mensch beim einseitigen

Bestreben, die Welt zu gewinnen, Schaden an seiner Seele nehmen kann.

Eine frühe Notiz vom Jahre 1918, aus der Zeit der chinesischen Tragödie, lautet: «Du hast deine 40 Tage in der Wüste gehabt. Ich will dich mit großer Kraft ausrüsten. Vollkommene Liebe treibt die Furcht aus. *Realität steht gegen Aktivität.* (Reality versus activity.)»

Die vierzig Tage in der Wüste erinnern an die Versuchung Christi, die Versuchung, aus eigener Vollmacht und mit äußern Mitteln Erfolg zu erringen – Befriedigung materieller Bedürfnisse, spektakuläre Wunder, weltliche Macht. Den Einflüsterungen des Teufels hielt der Menschensohn die von innen her verwandelnde Kraft des Wortes Gottes entgegen. Das war die Liebesmacht, die frei macht von aller Menschenfurcht, die Realität, die den bloßen Aktivismus überwindet.

Frank Buchman hatte gesehen, wie manche seiner Gefährten vor lauter Betriebsamkeit die «erste Liebe» verlassen und in Anpassung an das Gewohnte den Sinn für das Ungewohnte verloren hatten. In das große Gebet «Dein Wille geschehe wie im Himmel so auf Erden» war für sie mehr Erdenschwere als Himmelslicht gekommen.

Sie waren zu Funktionären der MRA geworden, die durch ihr «Wissen, wie man es macht», durch ihr Erfolgsstreben mehr in Zahlen als in Menschen dachten. «People, people, people – Menschen, Menschen, Menschen», rief ihnen Buchman zu, und einigen seiner nächsten Freunde mußte er ins Gesicht sagen: «Ihr seid tot vom Kopf bis zu den Füßen.»

Die folgenden Wochen waren für viele «mehr Jüngstes Gericht als Weihnachten». Nicht daß Frank Buchman ihnen Vorwürfe gemacht hätte. Er ließ einfach Geschichten erzählen, die ihnen zum Bewußtsein brachten, was «normales Leben» unter der Führung Gottes ist. Da war zum Beispiel ein Übereifriger, der mit einigen Freunden in Buchmans geliebtem Marokko gearbeitet hatte. Er war von Stadt zu Stadt geeilt – Rabat, Kenitra, Meknes, Fes, Casablanca, Mogador, Marrakesch –, hatte führende Persönlichkeiten aufgesucht, Filme gezeigt, Besprechungen veranstaltet, mit Gewerkschaftlern diskutiert, an Stammesfeiern und Empfängen des Königs teilgenommen. Schließlich hatte er einen zusammenfassenden Bericht über die gesamte Tätigkeit verfaßt, den er dem König und Frank Buchman sandte. Was Seine Majestät von seinem Bericht hielt, hat er nie erfahren. Als er aber in Mackinac vor Frank Buchman stand, wurde ihm bewußt, was er angerichtet hatte. Der Arzt, der mit Buchman in Marokko gewesen war, erzählte, wie sie alle äußere Geschäftigkeit vermieden und sich um die tiefen Bedürfnisse einzelner Menschen gekümmert hatten. Es fiel dem Übereifrigen schwer aufs Herz, wenn er an gewisse Begegnungen dachte, was er an diesen Menschen verfehlt hatte und was dadurch für das ganze Land verlorengegangen war.

So geschah es vielen in diesen Tagen. Manche sahen, wie sie in ihrem Aktivismus verdorrt waren und ihre Nächsten, Frau und Kinder, neben sich hatten innerlich verhungern lassen. Andere erkannten, wie sie vom Ehrgeiz getrieben, durch Imitation großer Vorbilder und Befolgung selbstgemachter Regeln ihre ureigenste Bestimmung verraten hatten.

Frank Buchman sprach selber sehr wenig. In langen

Zeiten stiller Besinnung lernten alle wieder auf die innerste Stimme zu lauschen. Tief Verschüttetes kam ans Licht. Neues Leben erwachte. Eine neue Einheit entstand. Viele wuchsen in eine tiefere und weitere Dimension des Glaubens.

Für die Jahre, die bevorstanden, und die Dinge, die kommen sollten, war diese Zeit der Läuterung und Erneuerung die gottgegebene Vorbereitung.

DIE LETZTEN JAHRE

Am Ziel und doch unterwegs

Die Aufgabe war ins Riesengroße gewachsen. Im Juni 1957 fand in Mackinac eine Weltkonferenz statt, an der fünftausend Menschen aus sechsundsiebzig Ländern teilnahmen, darunter hundert Führer der japanischen Jugendorganisation «Seinendan» sowie führende Politiker und Wirtschaftler aus allen Kontinenten.

In diesen Jahren der neuen schöpferischen Ausweitung entstanden in den verschiedenen Ländern Schauspiele, die der Seele ihrer Völker Ausdruck gaben und zu einem Dialog der Kontinente führten: in der Ruhr *Hoffnung,* davon angeregt in Japan *Der Tiger,* und von den revolutionären Japanern zu größerer Revolution aufgerufen, schufen die Studenten von San Marcos in Lima den *Condor,* mit dem sie in Brasilien und Süditalien die aufbauenden Kräfte weckten. Im Sommer 1957 entstand auch in Mackinac als Antwort auf die Rassenunruhen das Schauspiel *Krönung des Lebens,* das als Film über die ganze Welt ging.

In dieser Zeit wachsender Expansion mußte sich Frank Buchman seiner zunehmenden Schwäche wegen immer mehr in die Stille zurückziehen. In drei Wintern fand er Ruhe und Wärme in einem Haus in Tucson, Arizona, das ihm zur Verfügung gestellt wurde und das er zu einem neuen Zentrum ausstrahlender Lebensumwandlung machte. Seine beständige Sorge war das Wachstum jedes einzelnen in der Mannschaft. Wie er die Ausweitung des Horizontes für seine Mitarbeiter zu seiner Priorität machte, zeigt ein Brief, den er dem Finanzexperten schickte, der sich besorgt über die Gewinnung von genügenden Kapitalien für den Ausbau von Mackinac ausgesprochen hatte:

«Ich weiß, wie schwierig es ist, Geld für das erstaunliche Werk, das Mackinac tut, zu bekommen, aber Gott hat viele bereitwillige Helfer. Ich bin sicher, er hat Menschen, die es möglich machen werden. Ich kann sehr gut mit Dir fühlen und weiß, daß zuzeiten die Last für einen einzelnen fast zu schwer ist; aber dann geschieht das Unerwartete. Unsere Finanzen kommen immer durch Gebet und Glauben. Das Land braucht dringend dieses Zentrum. In Wirklichkeit sind wir gerade am Anfang der Expansion, die notwendig ist, um das Bedürfnis nach einer Ideologie zu befriedigen, die die Probleme der heutigen Welt lösen kann.

Diese Gebäude sind die vorderste Frontlinie für die Verteidigung Amerikas. Darüber hinaus werden sie ein Zentrum sein, aus welchem die Ideologie zur Nation ausstrahlen muß, wenn wir eine Basis haben wollen für eine Außen- und Innenpolitik, die der Not gewachsen ist.

Ich bin sehr dankbar für Deine Sorgfalt in geschäftlichen Dingen, doch ich möchte, Du könntest mit mir und dem amerikanischen Volk hineinwachsen in die Dimension dessen, was getan werden soll, nicht dessen, was wir glauben tun zu können. Ich möchte, Du könntest mir helfen, immer dort zu leben, wo ich mich nicht auf das verlasse, was ich habe, sondern auf das, was Gott mir gibt. Das ist so befreiend, und es funktioniert. (I am grateful for your business caution, but I want you to move with me and the people of America in the dimension of what needs to be done, not what we think we can do. I want you to help me always to live at the place where I rely not on what I have, but on what God gives. It is such a freedom and it works.)»

Frank Buchman wußte nichts anderes, als daß der einzelne bereit sein soll, sein Leben zu opfern, um sein Volk zu retten. Das war für ihn der Sinn des Kreuzes. Als die japanischen Politiker ihn fragten, wie man den Haß, der ihre Nation zu zerreißen drohte, heilen könne, erzählte er ganz einfach, wie er vor mehr als vierzig Jahren am Kreuz Christi die Antwort auf den Haß gefunden hatte. «Es kann euch heute morgen passieren», sagte er ihnen. «Es ist so einschneidend, daß ihr nie mehr die gleichen sein werdet wie vorher. Ihr werdet aus dieser Erfahrung als neue Menschen hervorgehen. So geschah es bei mir, obgleich ich nicht wußte, daß es geschehen werde. Aber bleibt nicht dabei stehen. Die Führer Japans müßt ihr gewinnen, das ist eure Mission. Wollt ihr eure Nation retten, müßt ihr euch selber vergessen und alles daran wagen. (If you want to save your nation, you must forget yourselves and go all out.)»

Ganz anders sprach er vom Kreuz, wenn er mit einem Jungen zu tun hatte. Einem jungen Mann, der ihm den Tee brachte, sagte er:

«Wenn du hier etwas tun willst, so fang bitte an, mit dem Kreuz und nicht nach Regeln zu leben. Weißt du, was das bedeutet? Nun, wir können miteinander darüber reden.

Vertraust du auf Gott, dem du dienst? Fühlst du, daß du ihm absolut vertrauen kannst? Absolut! Du mußt so weit kommen, daß du ihn allen Menschen und allen Dingen vorziehst. ‹Ohne ihn tritt über keine Schwelle. Mit ihm geh durch die ganze Welt.› (Diesen Satz hatte Frank Buchman oft von seiner Mutter gehört.)

Es ist wahr. ‹Er geht mit mir und spricht mit mir und er sagt mir, ich sei sein eigen.› (Aus einem von Frank Buchmans Lieblingsliedern.) Hast du das je gespürt? Das solltest du. Es ist dein Geburtsrecht.

Ich rate dir: Mach absolute Ehrlichkeit zu deiner Lebensregel. An welcher Sünde hast du das größte Vergnügen? Bilde dir nicht ein, das Ziel des Lebens sei, die Sünde zu vermeiden. Es gibt Leute, die das tun und dabei verdammt langweilig werden. Du mußt ein wahres Gefühl für die Richtung bekommen, für die du alles einsetzen kannst. Hast du es schon? Wie ist dein Tempo? Was ist die höchste Geschwindigkeit, die du gefahren bist? Wenn du schnell genug fährst, bleibt der Dreck nicht haften. Hast du das schon gemerkt? So ist es auch mit der Sünde.

Wirst du von Wundern überschüttet? Das solltest du. Sie sind nicht rationiert, glaub es mir. Es muß Leben in dein Herz kommen. Man spürt deinen Herzschlag nicht. Du brauchst eine Bluttransfusion – Plasma.

‹Das Blut Jesu Christi, seines Sohnes, macht uns rein von aller Sünde.› Das ist etwas, das Leben gibt. Er gab sein Blut – über alles Maß. Für dich – um dein Leben zu retten.

‹Denn mein Sohn war tot und ist wieder lebendig geworden.› Das ist Gott der Vater. Er erquicket meine Seele. Er führt mich. Das war mein Leben. Läßt du ihn führen? Was sonst führt dich? Du mußt so weit kommen, daß du ihn allen Menschen und Dingen vorziehst. Laß alles Zweitbeste fallen.

Schon seit langem habe ich mein Leben nach Stromlinien ausgerichtet. ‹Mach und bewahr mich rein bis zuinnerst.› (Ein Vers aus dem Lied «Jesus, lover of my soul», den Frank Buchman als den schönsten der englischen Literatur bezeichnete.) Rein, zuinnerst! Kein Herz ist rein, das nicht von Leidenschaft brennt. ‹Oh, daß ich für andere Seelen brennte...›» (auch ein Liedvers).

Wenn Frank Buchman davon überzeugt war, daß in seiner Nachfolge nicht ein einzelner die Verantwortung übernehmen könne, nur eine Gruppe, so war er sich auch klar, daß das nicht von selbst kommen werde. Schon anfangs der vierziger Jahre sagte er zu seinen engeren Mitarbeitern: «Um die Welt aufzubauen, braucht es eine Gruppe – etwas, das stärker ist als der einzelne. Das ist mein letzter Wille, mein Testament und euer Erbe.»

Am Tag, als er Mackinac für immer verliess, rief er die ganze Mannschaft zusammen: «Ich weiß nicht», sagte er, «wie oft wir in diesem Leben noch zusammen sein können. So möchte ich sagen, daß ich überzeugt bin, daß wir das tun werden, wofür wir zum Wiederaufbau der Welt aufgerufen sind, wenn wir das Vergangene hinter uns lassen und für uns selber nichts erwarten, als was Gott uns gibt. Aber es darf nicht mit halbem Herzen auf einer Auf-und-ab-Basis getan werden.

Ich wachte heute morgen früh auf, vielmehr lag ich die halbe Nacht wach und hatte die dunkle Ahnung, daß bei aller persönlichen Bereitschaft, die wir erreicht haben, noch sehr viel zu tun übrig bleibt. Heute nachmittag muß ich gehen. Ich las die Geschichte von Paulus' Änderung. Lest sie und seid sicher, daß ihr diese Erfahrung auch machen werdet. Ich weiß, daß es eine Zeit gab, wo ich sie nicht hatte, obwohl ich meinte, meine Sache recht gut zu machen. Ich fühle, daß es unter euch immer noch solche gibt, die diese Erfahrung nicht gemacht haben. Sie haben den Auftrag nicht durch den lebendigen Gott bekommen, diese Botschaft den Völkern zu bringen. Ich wünsche nicht, daß heute jemand fortgeht, ohne eine klare Erkenntnis hievon zu haben.

Es gab in meinem Leben eine Zeit, wo ich genau wie einige von euch meine Lust an der Sünde hatte (sinning having a good time), ohne jedoch recht befriedigt zu sein. Ich hörte die leise innere Stimme zu mir sagen: ‹Bereue.› Ich hatte eine recht gute Erziehung genossen, aber was ich brauchte, war etwas Einfaches und Wirkliches. Und dann geschah es. Ich hörte den Wind vom Himmel kommen und über mich und durch mich hindurch brausen und ging davon als ein anderer Mensch. Der alte Mensch war gegangen. Ich fühlte mich wieder glücklich.

Was bedeutete für Paulus, diesen Mann Gottes, was an ihm geschehen war? Er war ein Jude. Es gibt Leute, die

die Juden nicht mögen. Ich kann nur sagen, daß mein bester Freund ein Jude ist. Jesus Christus war Jude, Paulus auch. Ich kenne hier keine Grenzen. Ob Jude oder Heide, ob Demokrat oder Kommunist, jeder kann diese Erfahrung machen. Das ist das Geheimnis. Es ist für die, die für Gott und die gegen ihn sind. Es gibt keinen Ort, den wir nicht erobern könnten, wenn wir Schritt für Schritt vorgehen. Aber wenn ihr Gottes Willen durch euch strömen laßt (in the mainstream of God's will for you), dann seid ihr nicht von Resultaten abhängig.

Ich glaube, daß wir vor einem großen Durchbruch stehen, weil ich mich so hilflos fühle.»

Was Frank Buchman vor allem auf dem Herzen brannte, war ihm einige Zeit vorher in der Mittagsruhe klargeworden. Er sprach darüber mit Männern wie Peter Howard, Rajmohan Gandhi, dem Enkel des Mahatma Gandhi, und einigen Freunden aus Caux und Amerika: «Es war um drei Uhr heute nachmittag, und es war genau, wie wenn etwas vom Himmel herabgekommen wäre. Es war wie das Fallen von silbernen Kugeln. Ich hatte das deutliche Gefühl, was wir zu tun hätten. Ich sah, daß Caux und Mackinac eine Einheit bilden sollten und daß sie zusammen lernen würden, der Welt eine Antwort zu bieten.»

Es war sein letzter Winter in Tucson. Obgleich seine Kräfte und auch sein Augenlicht im Schwinden waren, war er hellwach. Er mußte sich im Fahrstuhl führen lassen, aber er ließ es sich nicht nehmen, im Frühling 1960 Adenauer in Los Angeles zu treffen. Der Kanzler sagte ihm bei der Begrüßung: «Ich möchte Ihnen mit allem Nachdruck, der mir zur Verfügung steht, sagen, wie hoch ich Ihre Arbeit für die moralische Aufrüstung der Welt schätze. Sie ist für den Weltfrieden unerläßlich.»

Als Frank Buchman im April 1960 Tucson zu seiner letzten Europareise verließ, sagte er seiner Mannschaft:

«Wir brauchen etwas Neues und Absolutes. Möge die Gnade Gottes auf uns ruhen, uns segnen und uns unaufhörlich anders werden lassen – immer wieder neu.

Wir werden emporgehoben in Sphären, in denen wir bisher nicht gewirkt haben. Es muß alles anders werden. Unsere Völker müssen anders werden.

Sind wir für den ideologischen Kampf bereit? Nein, wir sind es nicht. Wir haben wenig getan und müssen noch viel mehr tun. Wir müssen die Jungen stärken und ihnen den Mut für diesen ideologischen Kampf geben. Jeder von uns muß für die Jugend seines Landes sorgen und ihr den moralischen Charakter geben, der erforderlich ist, um dem Kommunismus gewachsen zu sein.

Wir sind hier eine Bande von Sündern und brauchen das in die Tiefe gehende Wirken von Gottes Heiligem Geist.

Wir stehen am Beginn einer mächtigen Bewegung in Afrika. Afrika wird statt eines Fragezeichens der Kontinent der Antwort sein. Das Größte, was wir tun können, ist Menschen zu ändern. Ich hoffe, ihr seid Menschen, die alles wagen und wirklich andere ändern. (Be people who really go all-out and really change somebody.)

Ich glaube, wir stehen vor einer gewaltigen Bewegung; gewaltiger, als wir sie bis jetzt in irgendeinem Land der Welt gesehen haben.»

Ein volles Jahr in Europa lag vor Frank Buchman. Man sah den Halbgelähmten in London, Paris, St. Gallen, Mailand, Rom. Aber sein eigentlicher Aufenthaltsort war Caux.

In keinem Jahr hat er so viele Reden gehalten, Botschaften an Nationen gesandt und sich in ganzen Zeitungsseiten an die Völker und ihre Staatsmänner gewandt.

Aber seine ständige Sorge war und blieb die Mannschaft und die einzelnen in der Mannschaft. Ein Wort brannte in seinem Herzen und war immer auf seinen Lippen: Reife – maturity. Es ist das Zeichen der Reife, daß eine Frucht sich vom Baume löst und im Dienst an anderen aufgeht. Frank Buchman kämpfte unaufhörlich, oft mit Geduld, oft mit Zorn, für die Unabhängigkeit, für die Selbständigkeit seiner Mitarbeiter.

Oft wiederholte er den Spruch:

> Dare to be a Daniel
> Dare to stand alone
> Dare to have a purpose true
> Dare to make it known.

(Wage es, ein Daniel zu sein / Wage es, allein zu stehen / Wage es, einen klaren Plan zu haben / Wage es, ihn bekanntzugeben.)

Ein einmaliges Beispiel in der Geschichte ist, wie er den Charakter des Mannes, der nach seinem Tode die Hauptverantwortung für sein Werk übernehmen sollte, mit harten Hammerschlägen schmiedete.

Es war ein stolzer Engländer, Sportsmann, Journalist und Schriftsteller, der schon durch die harte Schule des

Zeitungskönigs Lord Beaverbrook gegangen war, aber bei Frank Buchman in eine noch härtere Schule kam.

Peter Howard erzählt selber in *Frank Buchmans Geheimnis*, wie Buchman ihn jahrelang auf die Seite stellte, so daß er, der stolze, hochbegabte Engländer, oft vor Wut knirschte, vor Verzweiflung weinte, bis jeder Funke von Gefallsucht und Anpassung in ihm erloschen war und er – von niemand abhängig, weder von der Anerkennung Buchmans, noch von der Liebe seiner Nächsten – nur noch vom reinen Feuer für das Kommen des Reiches Gottes brannte.

Die drei Reden, die Frank Buchman in diesen letzten Monaten seines Lebens hielt, zeigen in ihren Titeln, was bis zuletzt sein Herz bewegte:

> *Alle moralischen Schranken sind gefallen*
> (Osterbotschaft April 1961)
> *Fester Fels oder treibender Sand*
> (Mai 1961)
> *Die Tapferen entscheiden*
> (Eröffnung der Weltkonferenz in Caux
> am 4. Juni 1961, Dr. Buchmans 83. Geburtstag)

Der Schluss seiner letzten Rede lautet:

«Wir stehen vor einer Weltrevolution. Es gibt nur drei Möglichkeiten: Entweder wir geben auf – und dazu sind manche bereit. Oder wir schlagen zu – und riskieren den globalen Selbstmord. Oder wir finden eine überlegene Ideologie, welche die kommunistische und die nichtkommunistische Welt den nächsten Schritt voranführt...

Es wird nie etwas helfen, die Dinge äußerlich zusammenzuflicken...

Absolute moralische Maßstäbe sind heute nicht mehr

nur eine Frage des persönlichen Lebenswandels. Sie sind die Voraussetzung für den Fortbestand der Nation...

Die Menschen müssen sich entscheiden, sich von Gott regieren zu lassen, oder sie verdammen sich dazu, von Tyrannen beherrscht zu werden...

Im Kampf zwischen Gut und Böse gibt es keine Neutralität. Keine Nation kann auf billige Weise gerettet werden. Das Beste unseres Lebens und die Blüte unserer Völker sind erforderlich, um die Menschheit zu retten...

Wenn wir alles für Gott einsetzen, werden wir gewinnen...»

Ende Juli, während die Weltkonferenz mit tausend Gästen noch in vollem Schwunge war, fühlte er sich so müde, daß er sich für eine kurze Weile in seine geliebte Erholungsstätte Freudenstadt zurückzog. Niemand dachte, daß der Ort, von dem die Botschaft von der Moralischen Aufrüstung ausging, sein letzter Aufenthalt auf Erden sein werde.

Schon nach wenigen Tagen fühlte er sich erfrischt. Eines Morgens früh diktierte er folgende Gedanken:

«Du wirst hier mächtig gebraucht werden. Das war der Ort, wo ich euch zum ersten Mal das Bild der Weltprobleme zeigte.»

Dann zitierte er die Liederstrophe:

> Gottes Vorsatz ist schnell am Reifen –
> Stunde um Stunde sich entfaltend.
> Bitter mag die Knospe schmecken,
> Doch süß wird die Blüte munden.
> Blind wird der Zweifel irren
> Und Gottes Taten mißverstehn.
> Doch Gott ist sein eigner Interpret,
> Und alles macht er klar.

> God's purpose is ripening fast,
> Unfolding hour by hour;
> The bud may have a bitter taste,
> But sweet will be the flower.
> Blind unbelief is sure to err,
> And scan His work in vain;
> God is His own interpreter,
> And He will make it plain.

Dann fügte er hinzu: «Es war gut, jetzt hierher zu kommen. Gott ist so gütig zu uns. Auf seinen Wegen wird alles hell, alle Pfade, die wir gingen. Hier finden wir den Quellpunkt. Erstaunlich, wie schnell die Deutschen gehen! Dieser Sinn für Dringlichkeit!»

Doch am folgenden Sonntagnachmittag wurde er von einem stechenden Schmerz in der Brust geplagt. Der Arzt ließ keinen Zweifel über den Ernst der Lage aufkommen. Am Montagmorgen äußerte Frank Buchman mit großer Mühe, immer wieder durch Schmerzen unterbrochen, seine letzten Gedanken. Man kann sich denken, wie sein Geist, den dunkeln Weg zum Tode entlang tastend, noch jeden Schimmer des Bewußtseins zu erhaschen suchte, um seinen Freunden einen letzten Gruß und Wunsch zu schicken:

«I want Britain to be governed by men governed by God. I want to see the world governed by men governed by God. Why not let God run the whole world. (Ich möchte England regiert sehen von Menschen, die sich von Gott regieren lassen. Ich möchte die Welt regiert sehen von Menschen, die sich von Gott regieren lassen. Warum lassen wir Gott nicht die ganze Welt regieren?)»

Am gleichen Tag, dem 7. August 1961, abends um 9.45 Uhr, ging sein Leben zu Ende.

Im Beisein von Tausenden, die aus der ganzen Welt herbeigeeilt waren, wurde er in Allentown, wo sein Vaterhaus stand, zur letzten Ruhe gebettet.

Sein Testament lautet:

«Ich wollte, ich hätte Gold und Silber für jeden, aber da meine Mittel so beschränkt sind, gebe, bestimme und überlasse ich alles, was als Überrest, Angesammeltes und

Aufgespartes von meinem Besitz noch vorhanden sein sollte, was immer und wo immer es sei, absolut uneingeschränkt der ‹Moralischen Aufrüstung›.

Es gibt manche, die ich in einem solchen Testament gern eingeschlossen hätte, aber ich möchte, daß alle sich als Teilhaber fühlen durch ihren Anteil an der unschätzbaren Gabe des neuen Lebens, das ihnen und mir durch die Oxfordgruppe und die Moralische Aufrüstung geschenkt wurde. Sie können am besten dieser Gabe Bestand geben, indem sie einer Philosophie zum Durchbruch verhelfen, die einer Weltkrise gewachsen ist und den Nationen das langersehnte goldene Zeitalter bringen wird, das durch die größte Revolution aller Zeiten anbricht, in der das Kreuz Christi die Welt verwandelt.»

SCHLUSSWORT

Von Pierre Spoerri

Die Zukunft jeder geistigen oder revolutionären Bewegung entscheidet sich in der zweiten Generation. Bleibt die ursprüngliche Inspiration erhalten? Behält die zweite Generation der Revolutionäre neben ihrer Loyalität den Ideen des Gründers gegenüber auch die notwendige Beweglichkeit, so daß der ursprüngliche revolutionäre Organismus nicht in einer Hierarchie, einer Institution, erstarrt?

Als einige von unserer Generation Frank Buchman trafen, waren wir zwanzigjährige Studenten, und er hatte das reife Alter von 65 Jahren erreicht. Trotz des Altersunterschiedes von beinahe fünfzig Jahren spürten wir nie einen Generationenkonflikt. Buchman schien mehr interessiert an Neuentdeckungen und neuen Entwicklungen als wir. Er war immer begierig, neue Mittel zu entwickeln und den Ideen seiner Zeit voraus zu sein. «Gott ist das modernste Wesen, das es gibt», pflegte er zu sagen. «Wir müssen uns beeilen, mit ihm Schritt zu halten.»

Was wir damals in den ersten Nachkriegsjahren nicht realisierten, war, daß Buchman gewisse Entwicklungen vorausahnte, die sich erst in den späteren sechziger Jahren zu verwirklichen begannen. Wir sahen damals die revolutionäre Qualität seiner Ideen, wie sie in klarster Einfachheit in seinen Reden zum Ausdruck kam. Erst später ging uns auf, daß in Buchmans Arbeits- und Lebensweise noch mehr explosives Material steckte, als wir damals verstehen konnten. Da aber Buchman bewußt weder Philosoph noch Soziologe war, hätte er nie daran gedacht, seine Arbeitsweise zu analysieren und daraus eine «Revolutionslehre» zu machen. Er war viel mehr daran interessiert, seinem Gegenüber die Herausforderung zu geben, sich ganz für Gott zu engagieren, als ihn von der glänzenden Logik seiner Gedankengänge zu überzeugen.

Heute hat man eine ganze Reihe von Modeworten, mit denen man das ausdrückt, was vor allem die junge Generation an der heutigen Gesellschaftsordnung stört. Zu diesen Worten gehören: Entfremdung, autoritäre Erziehung und Manipulation. Man spricht auch von Verlangen nach Partizipation und Mitbestimmung. Wenn man als ein Vertreter der zweiten Generation der Moralischen Aufrüstung versucht zu analysieren, was man von Buchman vor allem gelernt hat, kommt man genau auf die gleichen Begriffe, die schon in unserer Generation unter der Oberfläche wirksam waren, wenn wir auch unfähig waren, sie zu definieren.

So bedeutete Buchmans Konzeption von *Führerschaft*

eine Antwort auf unser Suchen nach einem Gleichgewicht zwischen innerer und äußerer Autorität. Buchman versuchte zeit seines Lebens, Menschen dazu zu inspirieren, Verantwortung zu nehmen, ohne ihnen die Sicherheit einer Institution zu geben. Er stellte dem Begriff Organisation immer den Begriff Organismus entgegen. Organisation bedeutete für ihn Hierarchie, Direktoren, Büros, Ausschüsse, Sitzungen usw. Organismus dagegen stand für organisches Zusammenarbeiten, schöpferisches Wachstum, Natürlichkeit, reales Fleisch und Blut.

Es wäre Buchman am liebsten gewesen, wenn seine Arbeit überhaupt keine Organisationsstruktur nötig gehabt hätte. Als es schließlich offensichtlich wurde, daß ein Minimum an legaler Grundlage unerläßlich war, suchte er mit allen Mitteln den Eindruck zu verhindern, daß jetzt auch die Moralische Aufrüstung dem Verlangen der Öffentlichkeit nach «etablierten Führungsstrukturen» nachgegeben habe. Für ihn galt das einfache Wort: «Führerschaft geht an die, die geistig in Form sind.» (Leadership goes to the spiritually fit.) Das hieß in Praxis, daß einmal der eine, das andere Mal ein anderer an der Spitze stand und die Initiative für die nächsten Schritte ergriff. In Praxis hieß dies auch, daß jeder, sogar derjenige, der erst am betreffenden Tag die Entscheidung getroffen hatte, sein Leben unter Gottes Führung zu stellen, ebenso die Freiheit hatte, Vorschläge für die Weiterentwicklung der Arbeit zu machen wie der langjährige Mitarbeiter.

Eine solche Art von Führerschaft verlangte natürlich eine besondere Art von Selbstlosigkeit, die Buchman von seinen Mitarbeitern verlangte und die er in die Worte faßte: «So zu leben, daß der andere wächst.» (To live to make the other fellow great.) Er suchte dabei immer neue Wege, seiner eigenen Mannschaft dieses Geheimnis der wirklichen Zusammenarbeit beizubringen. Als einmal eine Gruppe von Studenten ohne Frank Buchman nach Südafrika reiste, nahm er vor der Abreise jeden einzelnen zur Seite, um ihm zu sagen, daß er ihn in ganz besonderer Weise beauftrage, die Verantwortung für das ganze Unternehmen zu tragen. Als ein jeder von ihnen am ersten Abend im vollen Bewußtsein seiner eigenen Wichtigkeit den Vorschlag machte, daß man sich unter seiner Führung in seiner Kabine treffen sollte, rief dies bei den einen Erstaunen, bei den andern Empörung hervor. Bis sie alle entdeckten, daß Buchman ihnen allen nur das Geheimnis von «kollektiver Führerschaft» hatte beibringen wollen.

Buchman ging es nicht darum, nur eine reibungslose Zusammenarbeit unter seinen Leuten zu erreichen. Er sah sofort die Anwendung seiner Konzeption von Teamwork auf Regierungs- und Aufsichtsratsebene. Dabei suchte er in seiner eigenen Mannschaft das zu verwirklichen, was in Organisationen wie dem Völkerbund und den Vereinten Nationen wohl auf dem Papier gefordert, aber in Praxis nur selten demonstriert wurde.

Der andere Aspekt von Führerschaft, der Frank Buchman interessierte, war die Fähigkeit, andere zu ebenbürtigen Verantwortlichen heranzuziehen. «Man hat noch überhaupt nichts getan, wenn man nicht zehn anderen beigebracht hat, die Arbeit besser zu tun, als man sie selbst tut.»

So war es für einen Außenstehenden, der zufällig in den Kreis um Buchman hineingeriet, gar nicht immer leicht zu wissen, wer eigentlich welche Funktion ausübte. Als eine hohe Funktionärin eines osteuropäischen Landes an einer Abendveranstaltung in Genf teilnahm, stellte sie einem der Anwesenden die Frage, wer der «Chefideologe» der Gruppe sei. Als zur Antwort gegeben wurde, diese Position bestehe in der Moralischen Aufrüstung nicht, sagte sie mit Erstaunen: «Wollen Sie damit sagen, daß Sie wirkliche kollektive Führerschaft haben: alle Rassen, Männer und Frauen, alte und junge Generation?» Für diese Frau eröffnete die Möglichkeit solcher Zusammenarbeit Perspektiven, die sie bis jetzt nie für möglich gehalten hatte.

Natürlich ist eine solche «kollektive Führerschaft» und das Funktionieren eines solchen «Organismus» nicht möglich ohne eine gemeinsame Quelle von Inspiration und Entscheidung. Für Buchman war es das Natürlichste der Welt, daß jeder Mensch, der Staatsmann oder der junge Mann, der ihm sein Frühstück brachte, das Geheimnis lernen konnte, sich von Gott führen zu lassen. Und diese Bereitschaft, das Leben aus der Stille heraus nach Gottes Instruktionen zu gestalten, war für ihn das Grundrezept für jeden, der eine neue Gesellschaft bauen wollte.

Dieses Grundrezept hatte für ihn Gültigkeit im politischen Leben. Darum zitierte Frank Buchman auch immer wieder William Penns Gedanken: «Die Menschen müssen sich entscheiden, sich von Gott führen zu lassen. Oder sie verdammen sich dazu, von Tyrannen regiert zu werden.» Es galt aber auch für seine eigenen Mitarbeiter: «Wenn ich euch nur beibringen könnte, allein mit Gott zu leben, dann wäre die Zukunft unserer Arbeit gesichert.»

Weil für Buchman alles, was er tat, aus der Suche nach

Gottes Willen herauskam, konnte er auch nicht verstehen, warum man ihn für seine Leistungen besonders loben sollte.

Als ein europäischer Politiker ihn in Caux besuchte und ihm sagte: «Sie können stolz sein, so viel erreicht zu haben», antwortete ihm Buchman: «Das ist gar nicht, was ich empfinde. Ich hatte eigentlich gar nichts damit zu tun. Gott hat alles getan. Ich gehorche nur und führe aus, was er sagt.» Der Politiker war mit dieser Antwort nicht zufrieden: «O nein, Sie haben selbst viel geleistet.» Buchman erwiderte: «Ich habe nichts getan. Das heißt, ich habe das getan, was Männer wie Sie schon immer hätten tun sollen. Schon vor vielen Jahren hörte ich auf, mein Leben so zu führen, wie ich es wollte. Ich fing an, auf Gott zu hören und ihm in allen Dingen die Führung zu überlassen. Wenn Männer wie Sie dies täten, würden sie Lösungen finden, anstatt ihr Leben unter dem Alpdruck von Problemen zu verbringen, die sie selbst geschaffen haben.»

Für Buchman war mit dem Geheimnis von Führung auch der Weg zu einer klassenlosen Gesellschaft verbunden, in der jeder seine eigene Bestimmung finden kann. Wenn es heute viele Vertreter der jüngeren Generation gibt, die sich nutzlos und bestimmungslos vorkommen und gegen eine Gesellschaft reagieren, die «manipuliert» wird, waren es in den dreißiger Jahren oft Menschen aus den unteren Klassen, die unter diesem Gefühl der anonymen Nutzlosigkeit litten. Buchman rief aber sogar die Arbeitslosen zu einem Programm moralischer Aufrüstung auf: «Jeder im Volk magnetisiert und mobilisiert, um den Nationen ein gesichertes, geschütztes und gesundes Leben wiederzugeben. Jeder Mann, jede Frau, jedes Kind aufgeboten, jedes Haus in eine Festung verwandelt. Unser Ziel sollte sein, daß jeder nicht nur genug für seine Lebensbedürfnisse, sondern einen rechtmäßigen Anteil an der Verwirklichung dieser moralischen Aufrüstung hat und damit den Frieden seines Volkes und der Welt sichert.»

Für uns Studenten der Nachkriegsjahre war es diese Herausforderung, daß jeder von uns einen spezifischen Anteil am Aufbau einer weltweiten neuen Gesellschaft haben könnte, die uns aus unserem normalen bürgerlichen Lebensrhythmus herausschleuderte. Für ein aus seinem eigenen Land vertriebenes Staatsoberhaupt bedeutete Frank Buchmans Einladung an ihn, daß er wieder das Gefühl bekam, «irgendwohin zu gehören».

Wenn es diese Suche ist nach einer persönlichen Bestimmung, nach dem Zu-etwas-Gehören, nach dem Für-eine-bestimmte-Aufgabe-benötigt-Sein, die die heutige jüngere Generation charakterisiert und die Buchman vorausahnte, so hatte er auch klare Ideen über eine andere Suche, die heute viele Menschen beschäftigt – die Jagd nach Befriedigung. Es gibt ein Lied der «Rolling Stones», in dem in allen Zeilen das Wort «satisfaction» hinausposaunt wird. Wenn das Herunterleiern dieses Wortes automatisch zur Befriedigung führte, wäre dies ja einfach. Aber je mehr man Befriedigung sucht oder die Befriedigung zum Hauptziel macht, desto weniger scheint man wirklich befriedigt zu sein. Und je unbefriedigter man immer noch ist, desto verzweifelter versucht man alles – auch Rauschgift und alle Arten sexueller Exzesse –, um doch noch das uns scheinbar immer entgleitende Gespenst einzufangen.

Buchman pflegte mit einer erstaunlichen Direktheit

Alten, Jungen, Christen und Moslems in einfachster Weise zu sagen, wo für ihn das Geheimnis wirklicher Befriedigung lag. Er hatte die einfache Erfahrung gemacht, daß es eine voll befriedigende Lebensaufgabe für jeden gibt, und zwar die, unter der Diktatur des Heiligen Geistes eine neue Welt zu bauen. Er buchstabierte aber auch für jeden, der es hören wollte, was für ihn die Wurzel seines Befriedigtseins war: *J - E - S - U - S. J*ust *E*xactly *S*uits, *S*aves, *S*atisfies *U*s *S*inners (Jesus entspricht uns, erlöst und befriedigt uns Sünder). In einer Zeit, in der man es vorzog, seine christlichen Überzeugungen nur mit Zurückhaltung seiner Umgebung mitzuteilen, war es von einer schockierenden Modernität, in dieser Art und Weise von Christus zu sprechen. Deshalb waren Buchman so viele Menschen, Verheiratete und Unverheiratete, Junge und Alte, dankbar, daß sie die Jagd nach falscher Befriedigung abbrechen und ihre ganze Energie für einen neuen Zweck einsetzen konnten.

Ein letzter Begriff, mit dem sich Buchman zeit seines Lebens auseinandersetzte, ohne ihn oft mit diesen Worten zu gebrauchen, war der der *permanenten Revolution*. Den Marxisten versuchte er zu zeigen, daß die von ihnen geforderte Änderung der Struktur der Gesellschaft nie zu einer wirklich neuen Gesellschaft führe, wenn man nicht ebensoviel Anstrengung darauf verwendet, die Selbstsucht im Menschen selbst zu überwinden. Die «guten Leute» dagegen versuchte er herauszufordern, nicht in ihrer eigenen Tugendhaftigkeit aufzugehen, sondern sich an der Überwindung der Nöte der Welt zu beteiligen. Er zögerte dabei nie, an den Grundlagen der heutigen Konsumgesellschaft zu rütteln.

240

Erfrischend war es, bei Buchman immer wieder feststellen zu können, daß er sich nicht so ernst nahm, daß er seine Meinung nicht mehr ändern könnte. Er sagte einmal: «Ich bestehe auf meinem Recht, mich täuschen zu können.»

Im August 1971 waren es zehn Jahre, seit Frank Buchman in Freudenstadt starb. Wir von unserer Generation haben noch manchen Brocken von dem, was er uns überlassen hat, zu verarbeiten und den Menschen unserer Zeitperiode zugänglich zu machen. Aber vielleicht sind auch für manche späteren Generationen noch genügend weitere Brocken da.

QUELLENNACHWEIS UND DANK

Wichtigste von mir benützte Veröffentlichungen:

Frank Buchman   *Für eine neue Welt*
    Caux Verlag, 1961

Peter Howard   *Frank Buchmans Geheimnis*
    Deutsche Verlags-Anstalt, 1961

A. Wolrige Gordon   *Peter Howard –*
    Aufbruch zum modernen Menschen
    Verlag C. J. Bucher, 1971

Außer meinen eigenen Erinnerungen an Frank Buchman, die bis auf Januar 1932 zurückgehen, habe ich mündliche Mitteilungen und ungedruckte Aufzeichnungen seiner Mitarbeiter Loudon Hamilton, Garth Lean, John Caulfeild, Morris Martin und vieler anderer benützen können.

Authentische Äußerungen Frank Buchmans, die nur einem engeren Kreis bekannt waren, werden im vorliegenden Taschenbuch zum erstenmal einem weiteren Publikum zugänglich gemacht.

Allen genannten und den vielen ungenannten Helfern möchte ich meinen tiefempfundenen Dank aussprechen.

Taschenbücher im Caux Verlag

Freiheit ist nicht umsonst
Band 1

Von Peter Howard. Eine prophetische Diagnose unserer Zeit mit ihren Gefahren, Krisen und Problemen, aber auch ihren Hoffnungen und Möglichkeiten.

Mr. Brown steigt herab
Band 2

Von Peter Howard. Zeitkritisches Schauspiel in zwei Akten. Während Brecht die formende Kraft der Gesellschaft auf den Menschen analysiert, zeigt Howard den Menschen als formende Kraft in der Geschichte.

Ein Staatsmann namens Paulus
Band 3

Von Paul Campbell und Peter Howard. «Paulus wird in diesem Bändchen entschlossen zum Gesprächspartner des modernen Menschen gemacht.» Neue Zürcher Zeitung

Annie
Band 4

Herausgegeben von Clara Jaeger. Die Geschichte einer Frau, die Hunderten von Familien aller Schichten das Geheimnis weitergab, das sie zu einer aufbauenden Kraft für ihre Länder machte.

Glücklicher Todestag
Band 5

Von Peter Howard. Sein vierzehntes und letztes Theaterstück. Es setzt sich frontal mit den explosivsten Problemen von heute auseinander: die «wissenschaftliche Gesellschaft», allmächtiger Mensch oder allmächtiger Gott.

Eine neue Welt für meine Enkelkinder
Band 6

Von Charlotte van Beuningen. Die von der Königin Juliana mit dem Verdienstkreuz des Oranienordens ausgezeichnete «Grand Old Lady» von Holland und Pionierin der Moralischen Aufrüstung, Charlotte van Beuningen, erzählt ihr Leben.

CAUX VERLAG LUZERN